Este
planner
pertenece
a

____

INTRODUCCIÓN

Mientras crecía en Inglaterra, recuerdo que, cuando mi padre conducía, a menudo nos perdíamos. Pasaron décadas antes de que existiera el GPS (y vaya que nos hacía falta). Dábamos vueltas y vueltas. A veces, literal, dábamos vueltas en una rotonda, sin saber qué salida tomar. Me encantaría decir que nos reíamos de eso, pero recuerdo que la tensión era palpable. Una tarde en particular dimos tantas vueltas que, tras horas de búsqueda, nos dimos por vencidos y volvimos a casa, sin encontrar nunca nuestro destino.

Recuerdo que en aquellas innumerables ocasiones mi padre decía: "¡Siento que es aquí!", y lo decía en serio. Así que nos íbamos por un camino incierto. Al final me sentía como Íñigo Montoya en *La princesa prometida*, pensando: "¡No creo que esas palabras signifiquen lo que tú crees que significan!".

Tal vez en parte por esas experiencias formativas llegué a uno de los conocimientos más importantes de mi vida:

Hay dos tipos de personas en el mundo:
la gente que está perdida
y la gente que sabe que está perdida.

Yo intento pertenecer a la segunda categoría. No pretendo ser la encarnación de un esencialista. Afirmo lo siguiente: estoy dispuesto a admitir, cada mañana, que me siento perdido otra vez. Y admitirlo me ayuda a volver al ruedo y afrontar las muchas exigencias y responsabilidades de la vida, como lo hacemos todos.

Estoy contigo en este viaje.

Esta es la cuestión: si estás perdido y sabes que estás perdido, ya no lo estás. Incluso si tienes que parar y preguntar por la dirección unas cuantas veces, al final encontrarás el camino hacia donde quieres estar.

En cambio, si estás perdido, pero no lo admites, sigues perdido. Si dices: "Siento que es aquí", en lugar de detenerte a preguntar cómo llegar, seguirás perdido.

Años más tarde aprendí que incluso los aviones se despistan 90% de las veces. Solo llegan a su destino porque se mantienen en el buen camino. Ese es el propósito de *Esencialismo,* el planner: ayudarnos a volver a lo esencial día tras día. Este planner reconoce que la vida (igual que volar) está llena de desviaciones inesperadas. Al comprometerte a utilizarlo todos los días durante 90 días, te embarcarás en un viaje de reajuste continuo hacia lo esencial.

Energía
Energía

Al adentrarte en las páginas de *Esencialismo, el planner*, no solo estás planeando tus días, estás curando tu vida. Cada página es una invitación a hacer una pausa, una reflexión, y a elegir con intención. Te invita a preguntarte si eso con lo que te comprometerás es en verdad esencial. Esa práctica diaria de discernimiento y enfoque te impulsa a obtener más haciendo menos. Es un viaje de desprendimiento de lo no esencial para hacer espacio a lo que en realidad desata tu pasión y propósito.

Al adoptar *Esencialismo, el planner* te unes a una comunidad de pensadores, emprendedores y soñadores que se atrevieron a desafiar la creencia popular de que "más es mejor". Te vuelves parte de un movimiento que defiende la elegancia de la simplicidad, la fuerza de la atención y la alegría de descubrir que en la esencia de menos reside la abundancia de una vida bien vivida. Deja que el planner sea tu guía, brújula y compañero constante mientras navegas por la maravillosa complejidad de la vida, regresando siempre a lo esencial, día tras día.

La proposición básica del esencialismo: solo cuando te das permiso de dejar de hacerlo todo, de dejar de decirles que sí a todos, puedes hacer tu mayor contribución a las cosas que realmente importan.

Esencialismo, p. 14

EL CAMINO DEL ESENCIALISTA

¿Cuántas veces dices sí solo para complacer? ¿O para evitar un problema? ¿O porque "sí" se ha convertido en tu respuesta automática?

¿Alguna vez te has sentido ocupado, pero no productivo? ¿Como si estuvieras siempre en movimiento, pero sin llegar a ninguna parte?

Si respondiste sí a alguna de esas preguntas, la solución es *Esencialismo, el planner.*

Este planner te ayudará con **la incesante búsqueda de menos pero mejor** de una manera disciplinada.

El camino del esencialista consiste en detenerse constantemente y preguntarse: **"¿Estoy invirtiendo en las actividades correctas?".** La realidad es que la mayoría de las actividades y oportunidades son triviales y pocas son vitales. El camino del esencialista implica aprender a diferenciar: aprender a filtrar entre todas esas opciones y seleccionar las que de verdad son esenciales. No se trata de hacer más cosas, sino de hacer las cosas correctas. Quieres hacer la inversión más sabia posible de tu tiempo y energía para que puedas realizar las cosas en su mayor punto de contribución haciendo solo lo esencial.

EL PLANNER DEL ESENCIALISTA

Convertirse en un esencialista es un proceso diario y activo. Como en la búsqueda de un estilo de vida, se trata de entrenar al cerebro para dejar ir los viejos hábitos que refuerzan los objetivos y tareas no esenciales y, en su lugar, adoptar el pensamiento esencialista. Este planner te introduce a la filosofía del esencialismo y te ayuda a ponerlo en práctica durante 90 días. En lugar de llenarlo con tareas y actividades sin sentido, cada día tendrás el reto de dejar ir lo no esencial para que puedas concentrarte en lo más esencial. Enfócalo en lo esencial del trimestre y utiliza la tabla de planificación diaria para acercarte poco a poco a ese objetivo mientras eliminas las distracciones. En poco tiempo te darás cuenta de que permitirte dejar de intentar hacer todo y decir sí a todos se convierte en algo natural. Y al final de los 90 días conseguirás lo que te propones o tendrás claro lo que viene después.

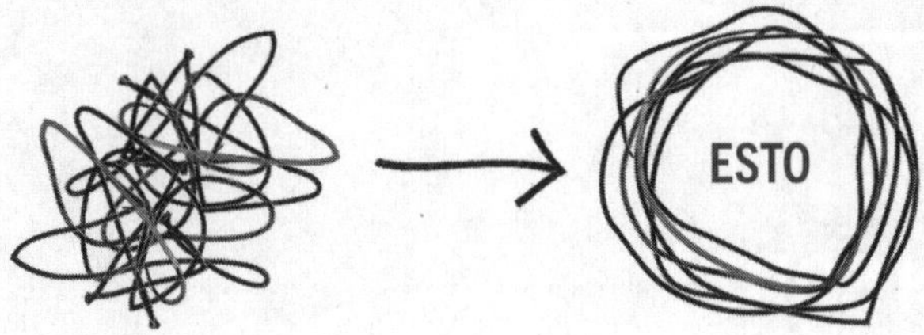

	NO ESENCIALISTA	ESENCIALISTA
Ver	**TODO PARA TODOS** "Tengo que" "Todo es importante" "Si me puedo ajustar, debo ajustarme"	**MENOS PERO MEJOR** "Elijo" "Solo algunas cosas en realidad importan" "¿Cuáles son las compensaciones?"
Hacer	**LA INDISCIPLINADA BÚSQUEDA DE MÁS** Reaccionas ante lo más urgente Dices sí a las personas sin pensarlo bien Tratas de hacer las cosas en el último momento	**LA DISCIPLINADA BÚSQUEDA DE MENOS** Te frenas para discernir entre lo que de verdad importa Dices no a todo excepto a lo esencial Eliminas los obstáculos para hacer más fáciles las cosas
Obtener	**ESTANCAMIENTO EN TU PROGRESO** Te sientes fuera de control Inseguro sobre si las cosas se hicieron bien Sientes agobio y cansancio	**HACER ALGO EN VERDAD MUY BIEN** Te sientes en control Haces las cosas bien Disfrutas el viaje

El retiro personal trimestral

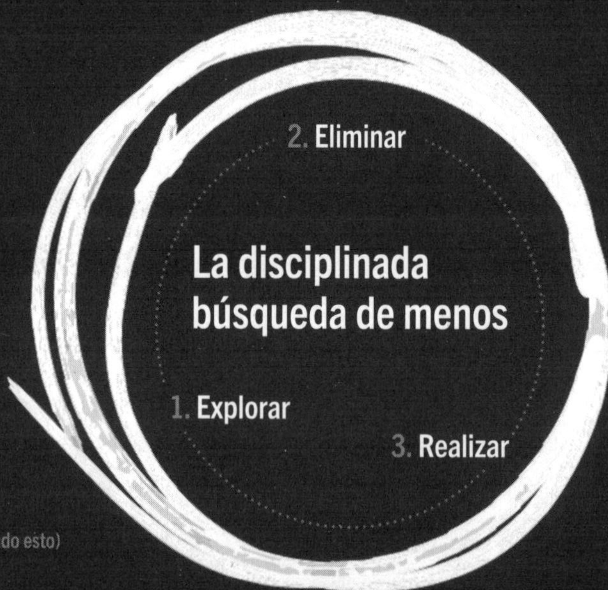

(Sigue haciendo esto)

Realizar un retiro personal trimestral es una manera de observar lo que está pasando en nuestra vida, por qué importa y qué necesitamos para enfocarnos en lo siguiente.

Es una oportunidad para alejarse de la fuerte presión de querer cumplir una cosa tras otra, lo que puede llevar a que las personas inteligentes se dejen engañar por lo trivial.

Cada 90 días te tomas un día para ir a algún lugar lejos del ensordecedor ruido digital y salir de la rutina usual de tu ajetreada vida para reflexionar sobre lo que en realidad importa.

Si no te puedes tomar un día, trata de dedicar algunas horas durante el fin de semana para pensar en estas tres importantes preguntas:

1. ¿Qué es algo esencial en lo que no estás invirtiendo lo suficiente?
2. ¿Qué es algo no esencial en lo que estás invirtiendo en exceso?
3. ¿Cómo lograr que las cosas más importantes se realicen sin esfuerzo?

Cuando no nos tomamos el tiempo para preguntar esas cuestiones más estratégicas, nos convertimos en una función de las agendas de otras personas. Solo nos queda reaccionar al último correo electrónico, pero podemos quedarnos sin rumbo, arrastrados por los vientos de cambio.

Las siguientes páginas te llevarán a través de ese retiro personal trimestral. Para cuando llegues al final de esta sección, tendrás la claridad sobre los importantes ajustes que quieres hacer durante los siguientes 90 días.

EXPLORAR: ¿QUÉ ES ESENCIAL?

¿Qué es algo esencial en lo que no estás invirtiendo lo suficiente?

▶ ¿Por qué eso es importante para ti?

¿Por qué?

¿Por qué?

¿Por qué?

¿Por qué?

¿Cómo se ve el éxito para ti en los siguientes 90 días?

▶ ¿Cuántos minutos/horas por semana necesitas para hacer que eso suceda?

ELIMINAR: ¿QUÉ ES NO ESENCIAL?

¿Cuáles son algunas actividades no esenciales en las que estás invirtiendo en exceso?

¿Por qué dedicas tiempo a esas actividades?
¿Por qué?
¿Por qué?
¿Por qué?
¿Por qué?

¿Cuánto tiempo dedicaste a esas actividades durante los últimos 90 días?

▶ ¿Cuál es el precio total (financiero, emocional, mental) que estás pagando por ellas?

EJECUTAR: ¿CÓMO PUEDES FACILITAR ESTO?

¿Con quién necesitas hablar para que eso ocurra?

¿Qué es lo que de verdad le(s) preocupa a esa(s) persona(s) en este momento?

¿Qué haría que todos ganáramos?

¿Cómo puedes decir lo que quieres en términos de su(s) agenda(s)?

El planner diario del esencialista

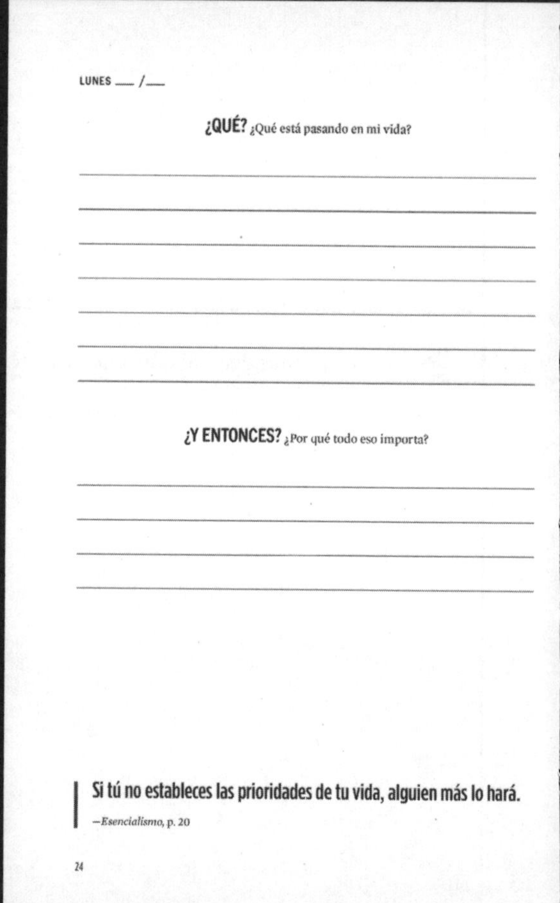

LUNES ___ /___

¿QUÉ? ¿Qué está pasando en mi vida?

¿Y ENTONCES? ¿Por qué todo eso importa?

> **Si tú no estableces las prioridades de tu vida, alguien más lo hará.**
>
> —*Esencialismo*, p. 20

24

Ahora que terminaste el retiro personal trimestral es momento de vivir como un esencialista. En las páginas del planner diario utilizarás los siguientes métodos para ayudarte a reducir el desorden y enfocarte en lo verdaderamente esencial para ese día.

¿AHORA QUÉ? ¿Qué es importante en este momento?

1 proyecto esencial

- ______________________________

2 tareas urgentes y esenciales

- ______________________________
- ______________________________

3 tareas de mantenimiento

- ______________________________
- ______________________________
- ______________________________

Otras tareas o notas

- ______________________________
- ______________________________
- ______________________________
- ______________________________
- ______________________________
- ______________________________
- ______________________________
- ______________________________

25

EL PODER DE MEDIA HORA

¿Alguna vez te has sentido bombardeado por la cantidad de ruido que existe en el mundo hoy en día? No me refiero al ruido literal, sino al ruido digital, al ruido mental interno y al ruido entre la gente que dificulta entender lo que alguien está pensando. En un mundo de constante conmoción y distracción, es esencial que aprendamos cómo eliminar el ruido de manera que podamos escuchar la señal que nos conduce hacia nuestro máximo potencial.

Ingresa al Poder de Media Hora,* que pone en marcha cada una de las páginas diarias en este planner. Durante este tiempo dedicado de 30 minutos sintetizarás pensamientos, obtendrás claridad y profundizarás en cuestiones complejas. Ese tiempo te permitirá enfocarte en lo que en realidad importa, y puede ser muy efectivo al enfrentar decisiones importantes o cuando se busca entender la esencia de una situación.

Una estructura simple te ayudará a planear, ponderar y sintetizar lo que está ocurriendo en tu vida.

¿QUÉ? ¿Qué está pasando en mi vida?

Enlista todos tus proyectos, tareas y responsabilidades importantes. Si tienes problemas para empezar, reflexiona en una sola de las cuestiones que quieres explorar: un reto profesional, una decisión personal o una pregunta filosófica.

¿Y ENTONCES? ¿Por qué todo eso importa?

Esta es una pregunta de "une los puntos": ¿Qué significa todo esto? Imagina que eres un periodista y escribes un encabezado para tu vida. ¿Cuáles son las noticias en tu vida? ¿Cuál es el título? En respuesta a esta pregunta, una vez escribí: "Estás abrumado: es momento de respirar". En otra ocasión escribí "Trabajo" como mi encabezado porque tenía claro lo que era esencial, pero ese era el momento de hacerlo realidad.

¿AHORA QUÉ? ¿Qué es importante en este momento?

Una vez que sabes qué es lo importante y por qué, es momento de diseñar tu día. El Método 1-2-3® (ve la página siguiente) te ayudará a hacerlo de la manera más fácil posible.

---

* Durante tu Poder de Media Hora, desconéctate de las notificaciones de correo electrónico, mensajes de texto y actualizaciones de noticias. Desconectarte de la tecnología impide que te sumerjas de cabeza en el ruido del día y te permite realizar una introspección más profunda.

EL MÉTODO 1-2-3®

¿Alguna vez has sentido como si la vida estuviera viviéndote en lugar de que tú la vivas?

Con frecuencia, la vida parece ser un juego gigante de reacción, que te pide saltar de una tarea a otra al tiempo que tratas de conseguir lo importante. Y de alguna forma creemos que, si solo pudiéramos optimizar nuestro horario, reducir los tiempos muertos y hacer varias tareas a la vez, podríamos realizar todo. Pero la verdad es que se trata de un acto de malabarismo que ninguno de nosotros puede lograr.

De manera paradójica, la respuesta no radica en descubrir cómo hacer más cosas en menos tiempo. Se trata de saber cómo hacer menos cosas mejor. Cuando puedes ver con claridad y priorizar las tantas cosas en tu vida, empezarás a establecer un ritmo que te proporcione control y orden, permitiendo que vivas una vida que tú diseñes.

El Método 1-2-3® te ayuda a responder la pregunta ***¿Ahora qué?*** Consiste en un método diario que puedes utilizar para recuperar el control de tu día y hacer que esa compleja danza entre lo urgente y lo esencial sea más fácil de sortear. Es simple en apariencia, pero profundo en su impacto. En este planner utilizarás ese método todos los días.

He aquí cómo funciona. Identifica:

UN proyecto esencial y trabaja en él durante tres horas. Eso es la prioridad de hoy.

DOS tareas urgentes y esenciales que debes realizar para no retrasarte.

TRES asuntos de mantenimiento que debes realizar para estar organizado y evitar problemas.

El ritmo de nuestra vida y el peso de nuestras elecciones dependen de un entendimiento simple y claridad en la priorización. Todavía hoy, mientras aumentan las demandas de la era moderna, con frecuencia nos vemos malabareando con lo urgente y lo esencial. Esa danza, aunque compleja, es más fácil de ejecutar con el Método 1-2-3®.

Para más información sobre el Poder de Media Hora, revisa el episodio 233 de mi pódcast. Para aprender más acerca del Método 1-2-3®, escucha el episodio 225.

LUNES ___ /___

¿QUÉ? ¿Qué está pasando en mi vida?

¿Y ENTONCES? ¿Por qué todo eso importa?

> **Si tú no estableces las prioridades de tu vida, alguien más lo hará.**
>
> —*Esencialismo*, p. 20

¿AHORA QUÉ? ¿Qué es importante en este momento?

1 proyecto esencial

- ______________________________

2 tareas urgentes y esenciales

- ______________________________
- ______________________________

3 tareas de mantenimiento

- ______________________________
- ______________________________
- ______________________________

Otras tareas o notas

- ______________________________
- ______________________________
- ______________________________
- ______________________________
- ______________________________
- ______________________________
- ______________________________
- ______________________________

MARTES ___ /___

¿QUÉ? ¿Qué está pasando en mi vida?

¿Y ENTONCES? ¿Por qué todo eso importa?

RETO DE HOY:

Los no esencialistas renuncian al derecho de elegir. Los esencialistas ejercen el poder de elegir. Descúbrete diciendo las palabras "Tengo que hacerlo". Reemplázalas por "Yo elijo".

—*Esencialismo,* p. 49

¿AHORA QUÉ? ¿Qué es importante en este momento?

1 proyecto esencial

- ______________________________

2 tareas urgentes y esenciales

- ______________________________
- ______________________________

3 tareas de mantenimiento

- ______________________________
- ______________________________
- ______________________________

Otras tareas o notas

- ______________________________
- ______________________________
- ______________________________
- ______________________________
- ______________________________
- ______________________________
- ______________________________
- ______________________________

MIÉRCOLES ___ /___

¿QUÉ? ¿Qué está pasando en mi vida?

¿Y ENTONCES? ¿Por qué todo eso importa?

> **El perfeccionismo hace que proyectos esenciales sean difíciles de comenzar; la baja autoestima los hace difíciles de terminar; e intentar hacer mucho, muy rápido, dificulta mantener el ímpetu.**
>
> —*Sin esfuerzo,* pp. 26-27

¿AHORA QUÉ? ¿Qué es importante en este momento?

1 proyecto esencial

- ____

2 tareas urgentes y esenciales

- ____
- ____

3 tareas de mantenimiento

- ____
- ____
- ____

Otras tareas o notas

- ____
- ____
- ____
- ____
- ____
- ____
- ____
- ____

JUEVES ___ / ___

¿QUÉ? ¿Qué está pasando en mi vida?

¿Y ENTONCES? ¿Por qué todo eso importa?

RETO DE HOY:

¿Cuál es ese pequeño cambio al que puedes comprometerte en los próximos siete días? ¿Qué diferencia esperas que haga? ¿Por qué eso es importante para ti?

—*1-Minute Wednesday Newsletter*

¿AHORA QUÉ? ¿Qué es importante en este momento?

1 proyecto esencial

- ______________________________

2 tareas urgentes y esenciales

- ______________________________
- ______________________________

3 tareas de mantenimiento

- ______________________________
- ______________________________
- ______________________________

Otras tareas o notas

- ______________________________
- ______________________________
- ______________________________
- ______________________________
- ______________________________
- ______________________________
- ______________________________
- ______________________________

VIERNES ___ /___

¿QUÉ? ¿Qué está pasando en mi vida?

¿Y ENTONCES? ¿Por qué todo eso importa?

> **Comienza por lo más simple posible: reserva cierto tiempo, dedica un poco de espacio, da un paseo, aléjate y repítelo de manera que generes espacio para pensar de verdad.**
>
> —*1-Minute Wednesday Newsletter*

¿AHORA QUÉ? ¿Qué es importante en este momento?

1 proyecto esencial

- ____________________

2 tareas urgentes y esenciales

- ____________________
- ____________________

3 tareas de mantenimiento

- ____________________
- ____________________
- ____________________

Otras tareas o notas

- ____________________
- ____________________
- ____________________
- ____________________
- ____________________
- ____________________
- ____________________
- ____________________

SÁBADO ___ /___

¿QUÉ? ¿Qué está pasando en mi vida?

¿Y ENTONCES? ¿Por qué todo eso importa?

RETO DE HOY:

Tómate un momento para descubrir:

- ¿Con qué frecuencia das prioridad a la conexión con las personas que se encuentran lejos de ti por encima de las relaciones esenciales con aquellos que se encuentran a tu alrededor?

Hoy no necesitas hacer un gran cambio en tu comportamiento. Limítate a observar.

—*1-Minute Wednesday Newsletter*

¿AHORA QUÉ? ¿Qué es importante en este momento?

1 proyecto esencial

- ____________________

2 tareas urgentes y esenciales

- ____________________
- ____________________

3 tareas de mantenimiento

- ____________________
- ____________________
- ____________________

Otras tareas o notas

- ____________________
- ____________________
- ____________________
- ____________________
- ____________________
- ____________________
- ____________________
- ____________________

DOMINGO ___ /___

¿QUÉ? ¿Qué está pasando en mi vida?

¿Y ENTONCES? ¿Por qué todo eso importa?

> **¿Qué tal si dejáramos de celebrar estar ocupados como si fuera una medida de importancia? ¿Qué tal si, en cambio, celebráramos cuánto tiempo hemos pasado escuchando, reflexionando, meditando y disfrutando el tiempo con las personas más importantes para nosotros?**
>
> —*Esencialismo*, p. 36

¿AHORA QUÉ? ¿Qué es importante en este momento?

1 proyecto esencial

- ______________________________

2 tareas urgentes y esenciales

- ______________________________
- ______________________________

3 tareas de mantenimiento

- ______________________________
- ______________________________
- ______________________________

Otras tareas o notas

- ______________________________
- ______________________________
- ______________________________
- ______________________________
- ______________________________
- ______________________________
- ______________________________
- ______________________________

REFLEXIÓN
semanal

PASO 1.

PRACTICA LA GRATITUD RADICAL

Revisa la última semana y escribe cinco cosas por las que estés agradecido (incluidas las cosas difíciles).

- ____________________
- ____________________
- ____________________
- ____________________
- ____________________

PASO 2.

PREVISUALIZA LA SEMANA

Revisa tu calendario y anota los eventos o actividades principales que ya están agendados para la siguiente semana.

- ____________________
- ____________________
- ____________________
- ____________________
- ____________________

PASO 3.

INVIERTE CON INTENCIÓN Y DESINVIERTE DE MANERA DELIBERADA

Escribe dos a tres cosas esenciales en las que no estás invirtiendo lo que deberías en la actualidad.

- ____________________
- ____________________
- ____________________

Escribe dos a tres cosas no esenciales en las que estás invirtiendo de más en la actualidad.

- ____________________
- ____________________
- ____________________

PASO 4.

AHORA ELIGE LOS OBJETIVOS DE ESTA SEMANA

Escribe las tres cosas esenciales que quieres cumplir durante la siguiente semana.

- ____________________
- ____________________
- ____________________

LUNES ___ /___

¿QUÉ? ¿Qué está pasando en mi vida?

¿Y ENTONCES? ¿Por qué todo eso importa?

> **Valoramos en exceso cosas no esenciales como tener un mejor coche o una mejor casa o incluso cosas intangibles como el número de seguidores que tenemos en Twitter o cómo nos vemos en nuestras fotos de Facebook. Como resultado, dejamos de lado actividades que sí son esenciales, como pasar tiempo con nuestros seres queridos, alimentar nuestro espíritu o cuidar nuestra salud.**
>
> —*Esencialismo,* p. 135

¿AHORA QUÉ? ¿Qué es importante en este momento?

1 proyecto esencial

- ______________________________

2 tareas urgentes y esenciales

- ______________________________
- ______________________________

3 tareas de mantenimiento

- ______________________________
- ______________________________
- ______________________________

Otras tareas o notas

- ______________________________
- ______________________________
- ______________________________
- ______________________________
- ______________________________
- ______________________________
- ______________________________
- ______________________________

MARTES ___ /___

¿QUÉ? ¿Qué está pasando en mi vida?

____

____

____

____

____

____

____

¿Y ENTONCES? ¿Por qué todo eso importa?

____

____

____

____

RETO DE HOY:

Hacer automático lo esencial es crucial para vivir una vida esencial. Pero la automatización puede volverse en nuestra contra (es decir, un servicio de suscripción que pagas, pero ya no usas). Identifica una forma de automatización negativa en tu vida y elimínala.

—*1-Minute Wednesday Newsletter*

¿AHORA QUÉ? ¿Qué es importante en este momento?

1 proyecto esencial

- ______________________________

2 tareas urgentes y esenciales

- ______________________________
- ______________________________

3 tareas de mantenimiento

- ______________________________
- ______________________________
- ______________________________

Otras tareas o notas

- ______________________________
- ______________________________
- ______________________________
- ______________________________
- ______________________________
- ______________________________
- ______________________________
- ______________________________

MIÉRCOLES ___ /___

¿QUÉ? ¿Qué está pasando en mi vida?

¿Y ENTONCES? ¿Por qué todo eso importa?

> **El camino del esencialista es el sendero hacia tener el control de nuestras propias elecciones; hacia nuevos niveles de éxito y sentido; es aquel en el que disfrutamos el viaje, no solo el destino.**
>
> —*Esencialismo,* p. 19

¿AHORA QUÉ? ¿Qué es importante en este momento?

1 proyecto esencial

- ______________________________

2 tareas urgentes y esenciales

- ______________________________
- ______________________________

3 tareas de mantenimiento

- ______________________________
- ______________________________
- ______________________________

Otras tareas o notas

- ______________________________
- ______________________________
- ______________________________
- ______________________________
- ______________________________
- ______________________________
- ______________________________
- ______________________________

JUEVES ___ /___

¿QUÉ? ¿Qué está pasando en mi vida?

¿Y ENTONCES? ¿Por qué todo eso importa?

RETO DE HOY:

Tomar el tiempo para reflexionar sobre lo que es importante para ti a diario cambiará tu día. Y cuando lo haces de manera consistente, cambiará tu vida.

- Dedica 10 minutos al principio del día a hacer una lista de lo que te importa hoy.
- Prioriza la lista y consúltala a lo largo del día.
- Reflexiona sobre cómo lo hiciste.

—1-Minute Wednesday Newsletter

¿AHORA QUÉ? ¿Qué es importante en este momento?

1 proyecto esencial

- ______________________________

2 tareas urgentes y esenciales

- ______________________________
- ______________________________

3 tareas de mantenimiento

- ______________________________
- ______________________________
- ______________________________

Otras tareas o notas

- ______________________________
- ______________________________
- ______________________________
- ______________________________
- ______________________________
- ______________________________
- ______________________________
- ______________________________

VIERNES ___ /___

¿QUÉ? ¿Qué está pasando en mi vida?

____

____

____

____

____

____

____

¿Y ENTONCES? ¿Por qué todo eso importa?

____

____

____

____

> **El camino del esencialista es la búsqueda incansable de ese menos pero mejor. No significa hacer concesiones de vez en cuando con el principio. Significa buscarlo de manera *disciplinada*.**
>
> —*Esencialismo,* p. 15

¿AHORA QUÉ? ¿Qué es importante en este momento?

1 proyecto esencial

- ____

2 tareas urgentes y esenciales

- ____
- ____

3 tareas de mantenimiento

- ____
- ____
- ____

Otras tareas o notas

- ____
- ____
- ____
- ____
- ____
- ____
- ____
- ____

SÁBADO ___ /___

¿QUÉ? ¿Qué está pasando en mi vida?

¿Y ENTONCES? ¿Por qué todo eso importa?

RETO DE HOY:

Aunque nunca ha sido más fácil conectarse o reconectarse con miembros de la familia y con viejos amigos, muchos nos sentimos más aislados que nunca. La solución para sentirse más conectado no es tener más interacciones sociales, sino tener interacciones más significativas. Piensa en alguien que sea importante en tu vida y llámale hoy. Eso hará que la vida de ambos sea mejor.

—1-Minute Wednesday Newsletter

¿AHORA QUÉ? ¿Qué es importante en este momento?

1 proyecto esencial

- ____________________

2 tareas urgentes y esenciales

- ____________________
- ____________________

3 tareas de mantenimiento

- ____________________
- ____________________
- ____________________

Otras tareas o notas

- ____________________
- ____________________
- ____________________
- ____________________
- ____________________
- ____________________
- ____________________
- ____________________

DOMINGO ___ /___

¿QUÉ? ¿Qué está pasando en mi vida?

¿Y ENTONCES? ¿Por qué todo eso importa?

> **El juego puede parecer una actividad no esencial. Con frecuencia, se le trata de esa manera. Pero, en realidad, el juego *es* esencial de muchas maneras. Stuart Brown, el fundador del Instituto Nacional del Juego, ha estudiado lo que se denomina las historias de juego de aproximadamente seis mil individuos y ha concluido que el juego tiene el poder de mejorar todo de manera significativa, desde la salud personal hasta las relaciones, la educación o la capacidad de innovación de las organizaciones.**
>
> —*Esencialismo*, p. 95

¿AHORA QUÉ? ¿Qué es importante en este momento?

1 proyecto esencial

- ______________________________

2 tareas urgentes y esenciales

- ______________________________
- ______________________________

3 tareas de mantenimiento

- ______________________________
- ______________________________
- ______________________________

Otras tareas o notas

- ______________________________
- ______________________________
- ______________________________
- ______________________________
- ______________________________
- ______________________________
- ______________________________
- ______________________________

REFLEXIÓN
semanal

PASO 1.
PRACTICA LA GRATITUD RADICAL

Revisa la última semana y escribe cinco cosas
por las que estés agradecido (incluidas las cosas difíciles).

- ______________________________
- ______________________________
- ______________________________
- ______________________________
- ______________________________

PASO 2.
PREVISUALIZA LA SEMANA

Revisa tu calendario y anota los eventos o actividades principales
que ya están agendados para la siguiente semana.

- ______________________________
- ______________________________
- ______________________________
- ______________________________
- ______________________________

PASO 3.

INVIERTE CON INTENCIÓN Y DESINVIERTE DE MANERA DELIBERADA

Escribe dos a tres cosas esenciales en las que no estás invirtiendo lo que deberías en la actualidad.

- ____________________
- ____________________
- ____________________

Escribe dos a tres cosas no esenciales en las que estás invirtiendo de más en la actualidad.

- ____________________
- ____________________
- ____________________

PASO 4.

AHORA ELIGE LOS OBJETIVOS DE ESTA SEMANA

Escribe las tres cosas esenciales que quieres cumplir durante la siguiente semana.

- ____________________
- ____________________
- ____________________

LUNES ___ /___

¿QUÉ? ¿Qué está pasando en mi vida?

____

____

____

____

____

____

____

¿Y ENTONCES? ¿Por qué todo eso importa?

____

____

____

____

> **Si no es un *sí* evidente, entonces es un *no* evidente.**
>
> —*Esencialismo,* p. 121

¿AHORA QUÉ? ¿Qué es importante en este momento?

1 proyecto esencial

- ______________________________

2 tareas urgentes y esenciales

- ______________________________
- ______________________________

3 tareas de mantenimiento

- ______________________________
- ______________________________
- ______________________________

Otras tareas o notas

- ______________________________
- ______________________________
- ______________________________
- ______________________________
- ______________________________
- ______________________________
- ______________________________
- ______________________________

MARTES ___ /___

¿QUÉ? ¿Qué está pasando en mi vida?

¿Y ENTONCES? ¿Por qué todo eso importa?

RETO DE HOY:

Hay un espacio entre el acuerdo y el desacuerdo, y en ese espacio reside nuestra capacidad para entendernos los unos a los otros. El día de hoy, resiste la necesidad de dejar en claro tu posición en cada conversación. Mejor pregúntate: "¿Con qué frecuencia abordo una conversación con la intención de llegar a un acuerdo o desacuerdo?".

—*El pódcast de Greg McKeown,* episodio 231, "La búsqueda disciplinada de no hacer nada"

¿AHORA QUÉ? ¿Qué es importante en este momento?

1 proyecto esencial

- __________

2 tareas urgentes y esenciales

- __________
- __________

3 tareas de mantenimiento

- __________
- __________
- __________

Otras tareas o notas

- __________
- __________
- __________
- __________
- __________
- __________
- __________
- __________

MIÉRCOLES ___ /___

¿QUÉ? ¿Qué está pasando en mi vida?

____

____

____

____

____

____

____

¿Y ENTONCES? ¿Por qué todo eso importa?

____

____

____

____

> **La investigación ha demostrado que, de todas las formas de motivación humana, la más efectiva es el progreso. ¿Por qué? Porque una victoria pequeña y concreta genera impulso y reafirma nuestra fe en éxitos futuros.**
>
> —*Esencialismo,* p. 212

¿AHORA QUÉ? ¿Qué es importante en este momento?

1 proyecto esencial

- ______________________________

2 tareas urgentes y esenciales

- ______________________________
- ______________________________

3 tareas de mantenimiento

- ______________________________
- ______________________________
- ______________________________

Otras tareas o notas

- ______________________________
- ______________________________
- ______________________________
- ______________________________
- ______________________________
- ______________________________
- ______________________________
- ______________________________

JUEVES ___ /___

¿QUÉ? ¿Qué está pasando en mi vida?

¿Y ENTONCES? ¿Por qué todo eso importa?

RETO DE HOY:

Cuando las cosas se hacen automáticas, se vuelven más fáciles (como los pagos automáticos). Haz tu vida más sencilla a través de la automatización.

- Piensa en una decisión que tomas con frecuencia.
- Determina cómo quieres manejarla en el futuro.
- Identifica cómo automatizarla.

—*1-Minute Wednesday Newsletter*

¿AHORA QUÉ? ¿Qué es importante en este momento?

1 proyecto esencial

- ____________________

2 tareas urgentes y esenciales

- ____________________
- ____________________

3 tareas de mantenimiento

- ____________________
- ____________________
- ____________________

Otras tareas o notas

- ____________________
- ____________________
- ____________________
- ____________________
- ____________________
- ____________________
- ____________________
- ____________________

VIERNES ___ /___

¿QUÉ? ¿Qué está pasando en mi vida?

¿Y ENTONCES? ¿Por qué todo eso importa?

> **No debería ser vergonzoso admitir un error; después de todo, solo admitimos que somos más sabios que antes.**
>
> —*Esencialismo*, p. 162

¿AHORA QUÉ? ¿Qué es importante en este momento?

1 proyecto esencial

- ____

2 tareas urgentes y esenciales

- ____
- ____

3 tareas de mantenimiento

- ____
- ____
- ____

Otras tareas o notas

- ____
- ____
- ____
- ____
- ____
- ____
- ____
- ____

SÁBADO ___ /___

¿QUÉ? ¿Qué está pasando en mi vida?

___

___

___

___

___

___

___

¿Y ENTONCES? ¿Por qué todo eso importa?

___

___

___

___

RETO DE HOY:

¿Qué pasaría si hacer menos fuera en realidad más eficaz que dar el 100%? Haz una lista de proyectos o áreas en las que con frecuencia sientes que necesitas dar el 110%. Ahora haz una lista de cómo sería un 85% de esfuerzo en estas áreas. ¿Qué cambios de mentalidad necesitas para adoptar la regla del 85%?

—*El pódcast de Greg McKeown,* episodio 258, "La regla del 85%"

¿AHORA QUÉ? ¿Qué es importante en este momento?

1 proyecto esencial

- ______________________________

2 tareas urgentes y esenciales

- ______________________________
- ______________________________

3 tareas de mantenimiento

- ______________________________
- ______________________________
- ______________________________

Otras tareas o notas

- ______________________________
- ______________________________
- ______________________________
- ______________________________
- ______________________________
- ______________________________
- ______________________________
- ______________________________

DOMINGO ___ /___

¿QUÉ? ¿Qué está pasando en mi vida?

¿Y ENTONCES? ¿Por qué todo eso importa?

> **Leer un libro es una de las actividades más útiles en el planeta. Por una inversión equivalente a la duración de un día laboral (y unos cuantos pesos), obtienes acceso a lo que las personas más inteligentes ya descubrieron.**
>
> —*Sin esfuerzo,* p. 183

¡AHORA QUÉ? ¿Qué es importante en este momento?

1 proyecto esencial

- ____________________

2 tareas urgentes y esenciales

- ____________________
- ____________________

3 tareas de mantenimiento

- ____________________
- ____________________
- ____________________

Otras tareas o notas

- ____________________
- ____________________
- ____________________
- ____________________
- ____________________
- ____________________
- ____________________
- ____________________

REFLEXIÓN
semanal

PASO 1.
PRACTICA LA GRATITUD RADICAL

Revisa la última semana y escribe cinco cosas por las que estés agradecido (incluidas las cosas difíciles).

- ____________________
- ____________________
- ____________________
- ____________________
- ____________________

PASO 2.
PREVISUALIZA LA SEMANA

Revisa tu calendario y anota los eventos o actividades principales que ya están agendados para la siguiente semana.

- ____________________
- ____________________
- ____________________
- ____________________
- ____________________

PASO 3.

INVIERTE CON INTENCIÓN Y DESINVIERTE DE MANERA DELIBERADA

Escribe dos a tres cosas esenciales en las que no estás invirtiendo lo que deberías en la actualidad.

- ______________________
- ______________________
- ______________________

Escribe dos a tres cosas no esenciales en las que estás invirtiendo de más en la actualidad.

- ______________________
- ______________________
- ______________________

PASO 4.

AHORA ELIGE LOS OBJETIVOS DE ESTA SEMANA

Escribe las tres cosas esenciales que quieres cumplir durante la siguiente semana.

- ______________________
- ______________________
- ______________________

LUNES ___ /___

¿QUÉ? ¿Qué está pasando en mi vida?

____

____

____

____

____

____

____

¿Y ENTONCES? ¿Por qué todo eso importa?

____

____

____

____

> **Un no esencialista piensa que todo es esencial.**
> **Un esencialista piensa que casi nada es esencial.**
>
> —*Esencialismo,* pp. 56-57

¿AHORA QUÉ? ¿Qué es importante en este momento?

1 proyecto esencial

- ________________________

2 tareas urgentes y esenciales

- ________________________
- ________________________

3 tareas de mantenimiento

- ________________________
- ________________________
- ________________________

Otras tareas o notas

- ________________________
- ________________________
- ________________________
- ________________________
- ________________________
- ________________________
- ________________________
- ________________________

MARTES ___ /___

¿QUÉ? ¿Qué está pasando en mi vida?

____

____

____

____

____

____

____

¿Y ENTONCES? ¿Por qué todo eso importa?

____

____

____

____

RETO DE HOY:

Lo que distingue a los más eficientes en cualquier organización no es qué tan ocupados están, sino su capacidad de enfocarse en lo que importa y hacerlo de manera consistente a lo largo del tiempo. He aquí cómo hacerlo:

1. **Ten claro qué es esencial:** haz una lista de prioridades en tu vida profesional y personal.
2. **Aclara por qué es importante:** ¿por qué todo eso importa?
3. **Comunícalo: di a los otros**: "Este es el proyecto que tiene prioridad y en el que estoy trabajando. Y esta es la razón por la que es tan importante".

—*1-Minute Wednesday Newsletter*

¿AHORA QUÉ? ¿Qué es importante en este momento?

1 proyecto esencial

- ______________________________

2 tareas urgentes y esenciales

- ______________________________
- ______________________________

3 tareas de mantenimiento

- ______________________________
- ______________________________
- ______________________________

Otras tareas o notas

- ______________________________
- ______________________________
- ______________________________
- ______________________________
- ______________________________
- ______________________________
- ______________________________
- ______________________________

MIÉRCOLES ___ / ___

¿QUÉ? ¿Qué está pasando en mi vida?

¿Y ENTONCES? ¿Por qué todo eso importa?

> **Podemos elegir deliberadamente, o bien, permitir que la agenda de otras personas controle nuestra vida.**
>
> —*Esencialismo*, p. 26

¿AHORA QUÉ? ¿Qué es importante en este momento?

1 proyecto esencial

- ____

2 tareas urgentes y esenciales

- ____
- ____

3 tareas de mantenimiento

- ____
- ____
- ____

Otras tareas o notas

- ____
- ____
- ____
- ____
- ____
- ____
- ____
- ____

JUEVES ___ /___

¿QUÉ? ¿Qué está pasando en mi vida?

¿Y ENTONCES? ¿Por qué todo eso importa?

RETO DE HOY:

Contenernos cuando tenemos "más en el tanque" es vital para lograr resultados acertados... Para progresar de forma consistente y constante, establece un límite superior e inferior con esta regla: **Nunca menos de X, nunca más de Y.** Encontrar el rango correcto te permite desarrollar un ritmo. El progreso comienza a fluir y tus acciones empiezan a sentirse sin esfuerzo.

—1-Minute Wednesday Newsletter

¿AHORA QUÉ? ¿Qué es importante en este momento?

1 proyecto esencial

- ______________________________

2 tareas urgentes y esenciales

- ______________________________
- ______________________________

3 tareas de mantenimiento

- ______________________________
- ______________________________
- ______________________________

Otras tareas o notas

- ______________________________
- ______________________________
- ______________________________
- ______________________________
- ______________________________
- ______________________________
- ______________________________
- ______________________________

VIERNES ___ /___

¿QUÉ? ¿Qué está pasando en mi vida?

____

____

____

____

____

____

____

¿Y ENTONCES? ¿Por qué todo eso importa?

____

____

____

____

> **El esencialismo no consiste en hacer más cosas; consiste en hacer las cosas *adecuadas*. Consiste en invertir de la manera más inteligente posible el tiempo y la energía para dar nuestra mayor contribución al hacer solo lo que es esencial.**
>
> —*Esencialismo,* p. 15

¿AHORA QUÉ? ¿Qué es importante en este momento?

1 proyecto esencial

- ______________________________

2 tareas urgentes y esenciales

- ______________________________
- ______________________________

3 tareas de mantenimiento

- ______________________________
- ______________________________
- ______________________________

Otras tareas o notas

- ______________________________
- ______________________________
- ______________________________
- ______________________________
- ______________________________
- ______________________________
- ______________________________
- ______________________________

SÁBADO ___ /___

¿QUÉ? ¿Qué está pasando en mi vida?

____

____

____

____

____

____

____

¿Y ENTONCES? ¿Por qué todo eso importa?

____

____

____

____

RETO DE HOY:

La mayoría de nosotros se acerca a la simplificación de un modo incorrecto. Comenzamos con algo complejo y tratamos de simplificarlo. En lugar de eso, hoy trata de tomar el camino opuesto: **comienza desde cero y añade solo los pasos necesarios.**

—1-Minute Wednesday Newsletter

¿AHORA QUÉ? ¿Qué es importante en este momento?

1 proyecto esencial

- ______________________________

2 tareas urgentes y esenciales

- ______________________________
- ______________________________

3 tareas de mantenimiento

- ______________________________
- ______________________________
- ______________________________

Otras tareas o notas

- ______________________________
- ______________________________
- ______________________________
- ______________________________
- ______________________________
- ______________________________
- ______________________________
- ______________________________

DOMINGO ___ /___

¿QUÉ? ¿Qué está pasando en mi vida?

¿Y ENTONCES? ¿Por qué todo eso importa?

> **Cuando te concentras en lo que te falta, pierdes lo que tienes. Cuando te concentras en lo que tienes, obtienes lo que te falta.**
>
> —*Sin esfuerzo*, pp. 70-71

¿AHORA QUÉ? ¿Qué es importante en este momento?

1 proyecto esencial

- ____________________

2 tareas urgentes y esenciales

- ____________________
- ____________________

3 tareas de mantenimiento

- ____________________
- ____________________
- ____________________

Otras tareas o notas

- ____________________
- ____________________
- ____________________
- ____________________
- ____________________
- ____________________
- ____________________
- ____________________

REFLEXIÓN
semanal

PASO 1.
PRACTICA LA GRATITUD RADICAL

Revisa la última semana y escribe cinco cosas
por las que estés agradecido (incluidas las cosas difíciles).

- ____________________
- ____________________
- ____________________
- ____________________
- ____________________

PASO 2.
PREVISUALIZA LA SEMANA

Revisa tu calendario y anota los eventos o actividades principales
que ya están agendados para la siguiente semana.

- ____________________
- ____________________
- ____________________
- ____________________
- ____________________

PASO 3.

INVIERTE CON INTENCIÓN Y DESINVIERTE DE MANERA DELIBERADA

Escribe dos a tres cosas esenciales en las que no estás invirtiendo lo que deberías en la actualidad.

- ______________________
- ______________________
- ______________________

Escribe dos a tres cosas no esenciales en las que estás invirtiendo de más en la actualidad.

- ______________________
- ______________________
- ______________________

PASO 4.

AHORA ELIGE LOS OBJETIVOS DE ESTA SEMANA

Escribe las tres cosas esenciales que quieres cumplir durante la siguiente semana.

- ______________________
- ______________________
- ______________________

LUNES ___ /___

¿QUÉ? ¿Qué está pasando en mi vida?

____

____

____

____

____

____

____

¿Y ENTONCES? ¿Por qué todo eso importa?

____

____

____

____

> **Nuestras opciones pueden ser cosas, pero una elección es una *acción*. No es solo algo que tenemos, sino algo que hacemos. Aunque quizá no siempre tengamos el control sobre nuestras opciones, *siempre* tenemos control sobre la manera en que elegimos entre ellas.**
>
> —*Esencialismo*, p. 45

¿AHORA QUÉ? ¿Qué es importante en este momento?

1 proyecto esencial

- ____________________

2 tareas urgentes y esenciales

- ____________________
- ____________________

3 tareas de mantenimiento

- ____________________
- ____________________
- ____________________

Otras tareas o notas

- ____________________
- ____________________
- ____________________
- ____________________
- ____________________
- ____________________
- ____________________
- ____________________

MARTES ___ /___

¿QUÉ? ¿Qué está pasando en mi vida?

____

____

____

____

____

____

____

¿Y ENTONCES? ¿Por qué todo eso importa?

____

____

____

____

RETO DE HOY:

Cuando tus viejas formas de trabajo no están funcionando, intenta algo nuevo:

1. Piensa en algo trivial en lo que estés invirtiendo de más.
2. Anota lo que te está costando en términos de salud, familia, amigos, proyectos importantes.
3. Decide cómo responderás la siguiente ocasión en la que estés tentado a invertir en eso otra vez.

—*1-Minute Wednesday Newsletter*

¿AHORA QUÉ? ¿Qué es importante en este momento?

1 proyecto esencial

- ______________________________

2 tareas urgentes y esenciales

- ______________________________
- ______________________________

3 tareas de mantenimiento

- ______________________________
- ______________________________
- ______________________________

Otras tareas o notas

- ______________________________
- ______________________________
- ______________________________
- ______________________________
- ______________________________
- ______________________________
- ______________________________
- ______________________________

MIÉRCOLES ___ /___

¿QUÉ? ¿Qué está pasando en mi vida?

___

___

___

___

___

___

___

¿Y ENTONCES? ¿Por qué todo eso importa?

___

___

___

___

> **Hay muchas más actividades y oportunidades en el mundo que el tiempo y los recursos con que contamos para invertir en ellas. Y, aunque muchas puedan ser buenas o incluso muy buenas, el hecho es que la mayoría son triviales y muy pocas son vitales. El camino del esencialista implica aprender a identificar la diferencia.**
>
> —*Esencialismo,* p. 15

¿AHORA QUÉ? ¿Qué es importante en este momento?

1 proyecto esencial

- ________________________________

2 tareas urgentes y esenciales

- ________________________________
- ________________________________

3 tareas de mantenimiento

- ________________________________
- ________________________________
- ________________________________

Otras tareas o notas

- ________________________________
- ________________________________
- ________________________________
- ________________________________
- ________________________________
- ________________________________
- ________________________________
- ________________________________

JUEVES ___ /___

¿QUÉ? ¿Qué está pasando en mi vida?

____

____

____

____

____

____

____

¿Y ENTONCES? ¿Por qué todo eso importa?

____

____

____

____

RETO DE HOY:

Existen dos maneras opuestas de aproximarse a una meta importante o a una fecha límite. Puedes empezar pronto y trabajar poco o empezar tarde y trabajar mucho. "Pronto y trabajar poco" significa empezar lo antes posible con el mínimo posible de tiempo invertido. Toma una meta o fecha límite que tengas en puerta y pregúntate: "¿Qué es lo mínimo que puedo hacer ahora mismo para estar preparado?". Tómate cuatro minutos para empezar a vaciar tus ideas. Solo empieza.

—*Esencialismo*, p. 217

¿AHORA QUÉ? ¿Qué es importante en este momento?

1 proyecto esencial

- ____

2 tareas urgentes y esenciales

- ____
- ____

3 tareas de mantenimiento

- ____
- ____
- ____

Otras tareas o notas

- ____
- ____
- ____
- ____
- ____
- ____
- ____
- ____

VIERNES ___ /___

¿QUÉ? ¿Qué está pasando en mi vida?

____

____

____

____

____

____

____

¿Y ENTONCES? ¿Por qué todo eso importa?

____

____

____

____

> **¿Por qué soportamos actividades esenciales en vez de disfrutarlas? Al juntar actividades esenciales con actividades que disfrutamos logramos que abordar incluso las tareas más tediosas y abrumadoras sea más fácil.**
>
> —*Sin esfuerzo,* p. 56

¿AHORA QUÉ? ¿Qué es importante en este momento?

1 proyecto esencial

- ▪ ______________________________

2 tareas urgentes y esenciales

- ▪ ______________________________
- ▪ ______________________________

3 tareas de mantenimiento

- ▪ ______________________________
- ▪ ______________________________
- ▪ ______________________________

Otras tareas o notas

- ▪ ______________________________
- ▪ ______________________________
- ▪ ______________________________
- ▪ ______________________________
- ▪ ______________________________
- ▪ ______________________________
- ▪ ______________________________
- ▪ ______________________________

SÁBADO ___ /___

¿QUÉ? ¿Qué está pasando en mi vida?

¿Y ENTONCES? ¿Por qué todo eso importa?

RETO DE HOY:

El día de hoy di "no" a algo utilizando la siguiente estrategia:

1. Evalúa la oportunidad: ¿Me sentiré mal si digo "no" a esta oportunidad de aquí a un año?
2. Enfócate en la compensación: ¿A qué renunciaré si digo "sí" a esta oportunidad?
3. Recuerda cómo te sientes después de decir "no": ¿Cómo me sentí la última vez que dije "no" a una oportunidad que no era la correcta para mí?

—*1-Minute Wednesday Newsletter*

¡AHORA QUÉ? ¿Qué es importante en este momento?

1 proyecto esencial

- ____________________

2 tareas urgentes y esenciales

- ____________________
- ____________________

3 tareas de mantenimiento

- ____________________
- ____________________
- ____________________

Otras tareas o notas

- ____________________
- ____________________
- ____________________
- ____________________
- ____________________
- ____________________
- ____________________
- ____________________

DOMINGO ___ /___

¿QUÉ? ¿Qué está pasando en mi vida?

¿Y ENTONCES? ¿Por qué todo eso importa?

> **No existe una relación sin esfuerzo. Pero hay formas en que podemos hacer que sea más fácil mantenerla fuerte. No tenemos que estar de acuerdo con la otra persona en todo. Pero sí tenemos que estar presentes con ellos, para notarlos de verdad, para darles toda nuestra atención, tal vez no siempre, pero con tanta frecuencia como podamos.**
>
> —*Sin esfuerzo,* pp. 99-100

¿AHORA QUÉ? ¿Qué es importante en este momento?

1 proyecto esencial

- ____

2 tareas urgentes y esenciales

- ____
- ____

3 tareas de mantenimiento

- ____
- ____
- ____

Otras tareas o notas

- ____
- ____
- ____
- ____
- ____
- ____
- ____
- ____

REFLEXIÓN
semanal

PASO 1.
PRACTICA LA GRATITUD RADICAL

Revisa la última semana y escribe cinco cosas por las que estés agradecido (incluidas las cosas difíciles).

- ____________________
- ____________________
- ____________________
- ____________________
- ____________________

PASO 2.
PREVISUALIZA LA SEMANA

Revisa tu calendario y anota los eventos o actividades principales que ya están agendados para la siguiente semana.

- ____________________
- ____________________
- ____________________
- ____________________
- ____________________

PASO 3.

INVIERTE CON INTENCIÓN Y DESINVIERTE DE MANERA DELIBERADA

Escribe dos a tres cosas esenciales en las que no estás invirtiendo lo que deberías en la actualidad.

- ____________________
- ____________________
- ____________________

Escribe dos a tres cosas no esenciales en las que estás invirtiendo de más en la actualidad.

- ____________________
- ____________________
- ____________________

PASO 4.

AHORA ELIGE LOS OBJETIVOS DE ESTA SEMANA

Escribe las tres cosas esenciales que quieres cumplir durante la siguiente semana.

- ____________________
- ____________________
- ____________________

LUNES ___ /___

¿QUÉ? ¿Qué está pasando en mi vida?

____

____

____

____

____

____

____

¿Y ENTONCES? ¿Por qué todo eso importa?

____

____

____

____

> **Los esencialistas consideran las concesiones como una parte inherente de la vida, no como una parte inherentemente negativa de la vida. En vez de preguntar: “¿A qué tengo que renunciar?”, preguntan: “¿En qué quiero ser grande?”.**
>
> —*Esencialismo,* pp. 66-67

¿AHORA QUÉ? ¿Qué es importante en este momento?

1 proyecto esencial

- ____________________

2 tareas urgentes y esenciales

- ____________________
- ____________________

3 tareas de mantenimiento

- ____________________
- ____________________
- ____________________

Otras tareas o notas

- ____________________
- ____________________
- ____________________
- ____________________
- ____________________
- ____________________
- ____________________
- ____________________

MARTES ___ /___

¿QUÉ? ¿Qué está pasando en mi vida?

____

____

____

____

____

____

____

¿Y ENTONCES? ¿Por qué todo eso importa?

____

____

____

____

RETO DE HOY:

Sorprende a alguien haciendo algo bueno y reconócelo. Elogia a tu pareja o a tu hijo. Inicia una reunión de trabajo celebrando algo que está funcionando bien.

—*El pódcast de Greg McKeown,* episodio 260, "¿Qué es esencial: P&R sobre el poder de los pequeños logros"

¿AHORA QUÉ? ¿Qué es importante en este momento?

1 proyecto esencial

- ____________________

2 tareas urgentes y esenciales

- ____________________
- ____________________

3 tareas de mantenimiento

- ____________________
- ____________________
- ____________________

Otras tareas o notas

- ____________________
- ____________________
- ____________________
- ____________________
- ____________________
- ____________________
- ____________________
- ____________________

MIÉRCOLES ___ / ___

¿QUÉ? ¿Qué está pasando en mi vida?

____

____

____

____

____

____

____

¿Y ENTONCES? ¿Por qué todo eso importa?

____

____

____

____

> **El esencialismo es un enfoque disciplinado, sistemático para determinar dónde se encuentra nuestro punto de contribución más alto y luego ejecutar esas cosas casi sin esfuerzo.**
>
> —*Esencialismo,* p. 17

¿AHORA QUÉ? ¿Qué es importante en este momento?

1 proyecto esencial

- ______________________________

2 tareas urgentes y esenciales

- ______________________________
- ______________________________

3 tareas de mantenimiento

- ______________________________
- ______________________________
- ______________________________

Otras tareas o notas

- ______________________________
- ______________________________
- ______________________________
- ______________________________
- ______________________________
- ______________________________
- ______________________________
- ______________________________

JUEVES ___ /___

¿QUÉ? ¿Qué está pasando en mi vida?

____

____

____

____

____

____

____

¿Y ENTONCES? ¿Por qué todo eso importa?

____

____

____

____

RETO DE HOY:

Tener claro lo que significa terminar no solo te ayuda a terminar, también te ayuda a iniciar. Con frecuencia procrastinamos y luchamos para encontrar los primeros pasos de un proyecto porque no tenemos en la mente una fecha clara para terminar. El día de hoy, identifica un proyecto importante en el que estés trabajando y escribe cómo se vería terminado.

—*El pódcast de Greg McKeown*, episodio 227, "El Vasa: define lo que terminas"

¿AHORA QUÉ? ¿Qué es importante en este momento?

1 proyecto esencial

- ______________________________

2 tareas urgentes y esenciales

- ______________________________
- ______________________________

3 tareas de mantenimiento

- ______________________________
- ______________________________
- ______________________________

Otras tareas o notas

- ______________________________
- ______________________________
- ______________________________
- ______________________________
- ______________________________
- ______________________________
- ______________________________
- ______________________________

VIERNES ___ /___

¿QUÉ? ¿Qué está pasando en mi vida?

___

___

___

___

___

___

___

¿Y ENTONCES? ¿Por qué todo eso importa?

___

___

___

___

> **En vez de preguntar: "¿Por qué esto es tan difícil?", invierte la pregunta: "¿Y si esto pudiera ser fácil?".**
>
> —*Sin esfuerzo,* p. 105

¿AHORA QUÉ? ¿Qué es importante en este momento?

1 proyecto esencial

- ______________________________

2 tareas urgentes y esenciales

- ______________________________
- ______________________________

3 tareas de mantenimiento

- ______________________________
- ______________________________
- ______________________________

Otras tareas o notas

- ______________________________
- ______________________________
- ______________________________
- ______________________________
- ______________________________
- ______________________________
- ______________________________
- ______________________________

SÁBADO ___ /___

¿QUÉ? ¿Qué está pasando en mi vida?

____

____

____

____

____

____

____

¿Y ENTONCES? ¿Por qué todo eso importa?

____

____

____

____

RETO DE HOY:

Piensa en la semana pasada. ¿Dormiste menos de siete horas alguna de esas noches? El camino del no esencialismo es considerar que el sueño es una carga más en nuestra vida ya de por sí demasiado ajetreada, comprometida, ocupada y no siempre productiva. En cambio, los esencialistas ven el sueño como algo necesario para poder funcionar en niveles altos de contribución la mayor parte del tiempo. Hoy, haz un plan para agendar más horas de sueño en tus noches. Sigue así durante la siguiente semana.

—*Esencialismo*, pp. 105-106

¿AHORA QUÉ? ¿Qué es importante en este momento?

1 proyecto esencial

- ______________________________

2 tareas urgentes y esenciales

- ______________________________
- ______________________________

3 tareas de mantenimiento

- ______________________________
- ______________________________
- ______________________________

Otras tareas o notas

- ______________________________
- ______________________________
- ______________________________
- ______________________________
- ______________________________
- ______________________________
- ______________________________
- ______________________________

DOMINGO ___ /___

¿QUÉ? ¿Qué está pasando en mi vida?

¿Y ENTONCES? ¿Por qué todo eso importa?

> **No estamos buscando miles de cosas que hacer. Estamos buscando nuestro nivel de contribución más alto: lo adecuado, de la manera adecuada y en el momento adecuado.**
>
> —*Esencialismo*, p. 33

¿AHORA QUÉ? ¿Qué es importante en este momento?

1 proyecto esencial

- ______________________________

2 tareas urgentes y esenciales

- ______________________________
- ______________________________

3 tareas de mantenimiento

- ______________________________
- ______________________________
- ______________________________

Otras tareas o notas

- ______________________________
- ______________________________
- ______________________________
- ______________________________
- ______________________________
- ______________________________
- ______________________________
- ______________________________

REFLEXIÓN
semanal

PASO 1.
PRACTICA LA GRATITUD RADICAL

Revisa la última semana y escribe cinco cosas
por las que estés agradecido (incluidas las cosas difíciles).

- ____________________
- ____________________
- ____________________
- ____________________
- ____________________

PASO 2.
PREVISUALIZA LA SEMANA

Revisa tu calendario y anota los eventos o actividades principales
que ya están agendados para la siguiente semana.

- ____________________
- ____________________
- ____________________
- ____________________
- ____________________

PASO 3.

INVIERTE CON INTENCIÓN Y DESINVIERTE DE MANERA DELIBERADA

Escribe dos a tres cosas esenciales en las que no estás invirtiendo lo que deberías en la actualidad.

- ______________________
- ______________________
- ______________________

Escribe dos a tres cosas no esenciales en las que estás invirtiendo de más en la actualidad.

- ______________________
- ______________________
- ______________________

PASO 4.

AHORA ELIGE LOS OBJETIVOS DE ESTA SEMANA

Escribe las tres cosas esenciales que quieres cumplir durante la siguiente semana.

- ______________________
- ______________________
- ______________________

LUNES ___ /___

¿QUÉ? ¿Qué está pasando en mi vida?

¿Y ENTONCES? ¿Por qué todo eso importa?

> **¿Alguna vez has seguido invirtiendo tiempo o esfuerzo en un proyecto no esencial en vez de reducir tus pérdidas? ¿Alguna vez has seguido metiendo dinero en una inversión que no estaba dando frutos en lugar de retirarte? [...] Un esencialista tiene el valor y la confianza de admitir sus errores y de librarse del compromiso, sin importar los costos hundidos.**
>
> —*Esencialismo*, p. 159

¿AHORA QUÉ? ¿Qué es importante en este momento?

1 proyecto esencial

- ______________________________

2 tareas urgentes y esenciales

- ______________________________
- ______________________________

3 tareas de mantenimiento

- ______________________________
- ______________________________
- ______________________________

Otras tareas o notas

- ______________________________
- ______________________________
- ______________________________
- ______________________________
- ______________________________
- ______________________________
- ______________________________
- ______________________________

MARTES ___ /___

¿QUÉ? ¿Qué está pasando en mi vida?

____

____

____

____

____

____

____

¿Y ENTONCES? ¿Por qué todo eso importa?

____

____

____

____

RETO DE HOY:

El progreso ocurre en pequeños incrementos. Dos segundos y medio es tiempo suficiente para cambiar tu enfoque, dejar el teléfono, cerrar el navegador o respirar de manera profunda... Intenta lo siguiente:

1. Haz una lista de las microacciones a las que puedes acudir cuando te das cuenta de que estás siendo no productivo (por ejemplo, dejar el teléfono, sacar tu planner, levantarte y salir).
2. Ten esa lista en algún lugar en donde la veas con frecuencia.
3. Úsala cuando comiences a sentir que no eres productivo o estás distraído.

—1-Minute Wednesday Newsletter

¿AHORA QUÉ? ¿Qué es importante en este momento?

1 proyecto esencial

- ____________________

2 tareas urgentes y esenciales

- ____________________
- ____________________

3 tareas de mantenimiento

- ____________________
- ____________________
- ____________________

Otras tareas o notas

- ____________________
- ____________________
- ____________________
- ____________________
- ____________________
- ____________________
- ____________________
- ____________________

MIÉRCOLES ___ / ___

¿QUÉ? ¿Qué está pasando en mi vida?

____

____

____

____

____

____

____

¿Y ENTONCES? ¿Por qué todo eso importa?

____

____

____

____

> **Cuando evalúes una opción, piensa en el criterio más importante que debe cumplir esa decisión y, luego, dale a la opción un puntaje entre cero y cien. Si la evaluaste en menos del 90%, entonces, de forma automática cambia el puntaje a cero y simplemente recházala. De esta manera, impides que te atrape la indecisión, o peor aún, evitas quedarte atorado con algo que tuvo un puntaje de sesenta o setenta.**
>
> —*Esencialismo*, p. 117

¿AHORA QUÉ? ¿Qué es importante en este momento?

1 proyecto esencial

- ___________________________

2 tareas urgentes y esenciales

- ___________________________
- ___________________________

3 tareas de mantenimiento

- ___________________________
- ___________________________
- ___________________________

Otras tareas o notas

- ___________________________
- ___________________________
- ___________________________
- ___________________________
- ___________________________
- ___________________________
- ___________________________
- ___________________________

JUEVES ___ /___

¿QUÉ? ¿Qué está pasando en mi vida?

____

____

____

____

____

____

____

¿Y ENTONCES? ¿Por qué todo eso importa?

____

____

____

____

RETO DE HOY:

Hoy no hagas más de lo que puedes recuperarte este mismo día. Haz lo siguiente: *1)* dedica las mañanas a trabajo esencial, *2)* divide ese trabajo en tres sesiones de no más de 90 minutos cada una, *3)* toma un pequeño receso de 10 a 15 minutos entre las sesiones para descansar y recuperarte.

—*El pódcast de Greg McKeown,* episodio 51, "Qué es esencial: Greg en el arte de no hacer nada"

¿AHORA QUÉ? ¿Qué es importante en este momento?

1 proyecto esencial

- ____________________

2 tareas urgentes y esenciales

- ____________________
- ____________________

3 tareas de mantenimiento

- ____________________
- ____________________
- ____________________

Otras tareas o notas

- ____________________
- ____________________
- ____________________
- ____________________
- ____________________
- ____________________
- ____________________
- ____________________

VIERNES ___ /___

¿QUÉ? ¿Qué está pasando en mi vida?

¿Y ENTONCES? ¿Por qué todo eso importa?

> **Cuando las personas nos piden que hagamos algo, podemos confundir la petición con la relación que tenemos con esa persona… Solo cuando separamos la decisión de la relación podemos decidir con claridad y aparte encontrar el valor y la compasión necesarios para comunicarla.**
>
> —*Esencialismo,* p. 150

¿AHORA QUÉ? ¿Qué es importante en este momento?

1 proyecto esencial

- ____________________

2 tareas urgentes y esenciales

- ____________________
- ____________________

3 tareas de mantenimiento

- ____________________
- ____________________
- ____________________

Otras tareas o notas

- ____________________
- ____________________
- ____________________
- ____________________
- ____________________
- ____________________
- ____________________
- ____________________

SÁBADO ___ /___

¿QUÉ? ¿Qué está pasando en mi vida?

¿Y ENTONCES? ¿Por qué todo eso importa?

RETO DE HOY:

Tengo un amigo que tiene un fantástico acercamiento al fracaso. Como maestro de español, enseña a sus estudiantes que imaginen que tienen una bolsa con 1000 cuentas. Cuando cometen un error al hablar en español, sacan una cuenta de la bolsa. Cuando la bolsa está vacía alcanzan un dominio nivel 1. Intenta tu propia versión de ese ejercicio. Piensa en algo que quieras dominar y considera que cometer errores desde el principio es una forma de acelerar el aprendizaje.

—1-Minute Wednesday Newsletter

¿AHORA QUÉ? ¿Qué es importante en este momento?

1 proyecto esencial

- ____________________

2 tareas urgentes y esenciales

- ____________________
- ____________________

3 tareas de mantenimiento

- ____________________
- ____________________
- ____________________

Otras tareas o notas

- ____________________
- ____________________
- ____________________
- ____________________
- ____________________
- ____________________
- ____________________
- ____________________

DOMINGO ___ /___

¿QUÉ? ¿Qué está pasando en mi vida?

¿Y ENTONCES? ¿Por qué todo eso importa?

> **Los esencialistas *eligen* "no" con más frecuencia de la que *dicen* no... Ya sea que digas: "Me halaga que hayas pensado en mí, pero me temo que no tengo la experiencia" o "Me gustaría mucho, pero ya tengo demasiados compromisos", hay una amplia variedad de maneras de rechazar a alguien con claridad y amabilidad sin usar la palabra *no* explícitamente.**
>
> —*Esencialismo*, p. 150

¿AHORA QUÉ? ¿Qué es importante en este momento?

1 proyecto esencial

- ____________________

2 tareas urgentes y esenciales

- ____________________
- ____________________

3 tareas de mantenimiento

- ____________________
- ____________________
- ____________________

Otras tareas o notas

- ____________________
- ____________________
- ____________________
- ____________________
- ____________________
- ____________________
- ____________________
- ____________________

REFLEXIÓN
semanal

PASO 1.
PRACTICA LA GRATITUD RADICAL

Revisa la última semana y escribe cinco cosas por las que estés agradecido (incluidas las cosas difíciles).

- ______________________________
- ______________________________
- ______________________________
- ______________________________
- ______________________________

PASO 2.
PREVISUALIZA LA SEMANA

Revisa tu calendario y anota los eventos o actividades principales que ya están agendados para la siguiente semana.

- ______________________________
- ______________________________
- ______________________________
- ______________________________
- ______________________________

PASO 3.

INVIERTE CON INTENCIÓN Y DESINVIERTE DE MANERA DELIBERADA

Escribe dos a tres cosas esenciales en las que no estás invirtiendo lo que deberías en la actualidad.

- ______________________
- ______________________
- ______________________

Escribe dos a tres cosas no esenciales en las que estás invirtiendo de más en la actualidad.

- ______________________
- ______________________
- ______________________

PASO 4.

AHORA ELIGE LOS OBJETIVOS DE ESTA SEMANA

Escribe las tres cosas esenciales que quieres cumplir durante la siguiente semana.

- ______________________
- ______________________
- ______________________

LUNES ___ /___

¿QUÉ? ¿Qué está pasando en mi vida?

¿Y ENTONCES? ¿Por qué todo eso importa?

> ***La búsqueda de éxito puede ser un catalizador de fracaso.*** **Dicho de otro modo, el éxito nos puede distraer de enfocarnos en las cosas esenciales que producen éxito en primer lugar.**
>
> —*Esencialismo*, p. 23

¿AHORA QUÉ? ¿Qué es importante en este momento?

1 proyecto esencial

- ____

2 tareas urgentes y esenciales

- ____
- ____

3 tareas de mantenimiento

- ____
- ____
- ____

Otras tareas o notas

- ____
- ____
- ____
- ____
- ____
- ____
- ____
- ____

MARTES ___ /___

¿QUÉ? ¿Qué está pasando en mi vida?

____

____

____

____

____

____

____

¿Y ENTONCES? ¿Por qué todo eso importa?

____

____

____

____

RETO DE HOY:

Algunas veces nos es difícil decir "no" porque olvidamos que cada "sí" viene con una compensación. Esta semana enfócate en las compensaciones que obtienes. Cada vez que dices "sí" a una oportunidad, tacha algo en tu calendario a lo que ahora dirás "no".

—*1-Minute Wednesday Newsletter*

¿AHORA QUÉ? ¿Qué es importante en este momento?

1 proyecto esencial

- ______________________________

2 tareas urgentes y esenciales

- ______________________________
- ______________________________

3 tareas de mantenimiento

- ______________________________
- ______________________________
- ______________________________

Otras tareas o notas

- ______________________________
- ______________________________
- ______________________________
- ______________________________
- ______________________________
- ______________________________
- ______________________________
- ______________________________

MIÉRCOLES ___ /___

¿QUÉ? ¿Qué está pasando en mi vida?

¿Y ENTONCES? ¿Por qué todo eso importa?

> **¿Y si la mayor cosa que evita que hagamos lo que importa es la falsa suposición de que se requiere un esfuerzo tremendo? ¿Y si en su lugar consideráramos la posibilidad de que la razón por la que algo parece difícil es que no hemos encontrado una manera más fácil de hacerlo?**
>
> —*Sin esfuerzo,* p. 41

¿AHORA QUÉ? ¿Qué es importante en este momento?

1 proyecto esencial

- ______________________________

2 tareas urgentes y esenciales

- ______________________________
- ______________________________

3 tareas de mantenimiento

- ______________________________
- ______________________________
- ______________________________

Otras tareas o notas

- ______________________________
- ______________________________
- ______________________________
- ______________________________
- ______________________________
- ______________________________
- ______________________________
- ______________________________

JUEVES ___ /___

¿QUÉ? ¿Qué está pasando en mi vida?

____

____

____

____

____

____

____

¿Y ENTONCES? ¿Por qué todo eso importa?

____

____

____

____

RETO DE HOY:

Nuestro crecimiento, nuestra plenitud y nuestro propio potencial se entrelazan con nuestra conexión con los otros. Conecta con alguien hoy. Algunas ideas:

- Haz un acto de bondad para un extraño.
- Ayuda a alguien a quien diriges o resuelve un problema de quien eres mentor.
- Vuelve a conectarte con un amigo o miembro de la familia.
- Contribuye a un proyecto de la comunidad.

—*1-Minute Wednesday Newsletter*

¿AHORA QUÉ? ¿Qué es importante en este momento?

1 proyecto esencial

- ______________________________

2 tareas urgentes y esenciales

- ______________________________
- ______________________________

3 tareas de mantenimiento

- ______________________________
- ______________________________
- ______________________________

Otras tareas o notas

- ______________________________
- ______________________________
- ______________________________
- ______________________________
- ______________________________
- ______________________________
- ______________________________
- ______________________________

VIERNES ___ /___

¿QUÉ? ¿Qué está pasando en mi vida?

¿Y ENTONCES? ¿Por qué todo eso importa?

> **Cuando una estrategia es tan compleja que cada paso se siente como empujar una carga cuesta arriba, deberías hacer una pausa. Invierte el problema. Pregunta: "¿Cuál es la manera más simple de conseguir este resultado?".**
>
> —*Sin esfuerzo,* p. 51

¿AHORA QUÉ? ¿Qué es importante en este momento?

1 proyecto esencial

- ____________________

2 tareas urgentes y esenciales

- ____________________
- ____________________

3 tareas de mantenimiento

- ____________________
- ____________________
- ____________________

Otras tareas o notas

- ____________________
- ____________________
- ____________________
- ____________________
- ____________________
- ____________________
- ____________________
- ____________________

SÁBADO ___ /___

¿QUÉ? ¿Qué está pasando en mi vida?

¿Y ENTONCES? ¿Por qué todo eso importa?

RETO DE HOY:

Selecciona un libro de literatura clásica para leer. Cuando lo estés leyendo, piensa en lo que estás aprendiendo y cómo puedes aprovechar esas ideas en tu vida. Pregúntate: "¿Qué es lo que más leo? ¿Nuevos sitios de internet? ¿Redes sociales? ¿Historias de entretenimiento ligero? ¿Cómo cambiaría mi pensamiento si reemplazo esas lecturas por los clásicos?".

—*El pódcast de Greg McKeown,* episodio 243, "Lo mejor de lo que otros saben"

¿AHORA QUÉ? ¿Qué es importante en este momento?

1 proyecto esencial

- ____________________

2 tareas urgentes y esenciales

- ____________________
- ____________________

3 tareas de mantenimiento

- ____________________
- ____________________
- ____________________

Otras tareas o notas

- ____________________
- ____________________
- ____________________
- ____________________
- ____________________
- ____________________
- ____________________
- ____________________

DOMINGO ___ /___

¿QUÉ? ¿Qué está pasando en mi vida?

____

____

____

____

____

____

____

¿Y ENTONCES? ¿Por qué todo eso importa?

____

____

____

____

> **Los esencialistas pasan el mayor tiempo posible explorando, escuchando, debatiendo, cuestionando y pensando. Sin embargo, su exploración no es un fin en sí misma. El objetivo de la exploración es distinguir las pocas cosas vitales de las muchas triviales.**
>
> —*Esencialismo*, p. 33

¿AHORA QUÉ? ¿Qué es importante en este momento?

1 proyecto esencial

- ______________________________

2 tareas urgentes y esenciales

- ______________________________
- ______________________________

3 tareas de mantenimiento

- ______________________________
- ______________________________
- ______________________________

Otras tareas o notas

- ______________________________
- ______________________________
- ______________________________
- ______________________________
- ______________________________
- ______________________________
- ______________________________
- ______________________________

REFLEXIÓN
semanal

PASO 1.
PRACTICA LA GRATITUD RADICAL

Revisa la última semana y escribe cinco cosas por las que estés agradecido (incluidas las cosas difíciles).

- ____________________
- ____________________
- ____________________
- ____________________
- ____________________

PASO 2.
PREVISUALIZA LA SEMANA

Revisa tu calendario y anota los eventos o actividades principales que ya están agendados para la siguiente semana.

- ____________________
- ____________________
- ____________________
- ____________________
- ____________________

PASO 3.

INVIERTE CON INTENCIÓN Y DESINVIERTE DE MANERA DELIBERADA

Escribe dos a tres cosas esenciales en las que no estás invirtiendo lo que deberías en la actualidad.

- ____________________
- ____________________
- ____________________

Escribe dos a tres cosas no esenciales en las que estás invirtiendo de más en la actualidad.

- ____________________
- ____________________
- ____________________

PASO 4.

AHORA ELIGE LOS OBJETIVOS DE ESTA SEMANA

Escribe las tres cosas esenciales que quieres cumplir durante la siguiente semana.

- ____________________
- ____________________
- ____________________

LUNES ___ /___

¿QUÉ? ¿Qué está pasando en mi vida?

¿Y ENTONCES? ¿Por qué todo eso importa?

Trabajar duro es importante. Pero más esfuerzo no necesariamente produce más resultados. "Menos pero mejor", sí.

—*Esencialismo,* p. 53

¿AHORA QUÉ? ¿Qué es importante en este momento?

1 proyecto esencial

- ____________________

2 tareas urgentes y esenciales

- ____________________
- ____________________

3 tareas de mantenimiento

- ____________________
- ____________________
- ____________________

Otras tareas o notas

- ____________________
- ____________________
- ____________________
- ____________________
- ____________________
- ____________________
- ____________________
- ____________________

MARTES ___ /___

¿QUÉ? ¿Qué está pasando en mi vida?

¿Y ENTONCES? ¿Por qué todo eso importa?

RETO DE HOY:

Muchos nos sentimos nerviosos por decirle *no* a nuestro jefe o a un cliente importante. Pero no tienes que hacerlo. En lugar de eso, hoy practica formular una pregunta secundaria para crear un diálogo sobre qué priorizar, por ejemplo: "Estoy trabajando en esto. Dígame, ¿a qué le gustaría que le restara prioridad?".

—1-Minute Wednesday Newsletter

¿AHORA QUÉ? ¿Qué es importante en este momento?

1 proyecto esencial

- ____________________

2 tareas urgentes y esenciales

- ____________________
- ____________________

3 tareas de mantenimiento

- ____________________
- ____________________
- ____________________

Otras tareas o notas

- ____________________
- ____________________
- ____________________
- ____________________
- ____________________
- ____________________
- ____________________
- ____________________

MIÉRCOLES ___ /___

¿QUÉ? ¿Qué está pasando en mi vida?

¿Y ENTONCES? ¿Por qué todo eso importa?

> **Para ver a los otros con mayor claridad, deja a un lado tus opiniones, consejos y juicios... y antepón su verdad por encima de la tuya.**
>
> —*Sin esfuerzo,* p. 103

¿AHORA QUÉ? ¿Qué es importante en este momento?

1 proyecto esencial

- ____________________

2 tareas urgentes y esenciales

- ____________________
- ____________________

3 tareas de mantenimiento

- ____________________
- ____________________
- ____________________

Otras tareas o notas

- ____________________
- ____________________
- ____________________
- ____________________
- ____________________
- ____________________
- ____________________
- ____________________

JUEVES ___ /___

¿QUÉ? ¿Qué está pasando en mi vida?

¿Y ENTONCES? ¿Por qué todo eso importa?

RETO DE HOY:

Cuando te enfrentes a un reto el día de hoy, pregúntate: "¿De qué modo estoy haciendo las cosas más difíciles de lo que son?". Al obtener la respuesta a esa pregunta, tendrás algo de gran valor: sabrás qué hacer a continuación. Es tan sencillo (y puede que sea tan fácil) como eso.

—*1-Minute Wednesday Newsletter*

¿AHORA QUÉ? ¿Qué es importante en este momento?

1 proyecto esencial

- ______

2 tareas urgentes y esenciales

- ______
- ______

3 tareas de mantenimiento

- ______
- ______
- ______

Otras tareas o notas

- ______
- ______
- ______
- ______
- ______
- ______
- ______
- ______

VIERNES ___ /___

¿QUÉ? ¿Qué está pasando en mi vida?

¿Y ENTONCES? ¿Por qué todo eso importa?

> **La gente tiende a pensar en el enfoque como una cosa. Sí, enfoque es algo que tenemos. Pero también es algo que *hacemos*. Para tener enfoque, necesitamos escaparnos con el fin de enfocarnos.**
>
> —*Esencialismo*, p. 76

¿AHORA QUÉ? ¿Qué es importante en este momento?

1 proyecto esencial

- ____________________

2 tareas urgentes y esenciales

- ____________________
- ____________________

3 tareas de mantenimiento

- ____________________
- ____________________
- ____________________

Otras tareas o notas

- ____________________
- ____________________
- ____________________
- ____________________
- ____________________
- ____________________
- ____________________
- ____________________

SÁBADO ___ /___

¿QUÉ? ¿Qué está pasando en mi vida?

¿Y ENTONCES? ¿Por qué todo eso importa?

RETO DE HOY:

La curiosidad es más que solo un rasgo de la personalidad. La curiosidad verdadera, la que alimenta la innovación y el descubrimiento, es una elección intencional en la manera en la que vivimos. Para hacerlo, pregunta más: ya sea que te encuentres en una conversación con colegas, una entrevista de trabajo o hablando con un amigo o socio, ve más allá en la conversación haciendo la segunda y la tercera pregunta.

—*El pódcast de Greg McKeown,* episodio 219, "La curiosidad es una disciplina"

¿AHORA QUÉ? ¿Qué es importante en este momento?

1 proyecto esencial

- ______________________________

2 tareas urgentes y esenciales

- ______________________________
- ______________________________

3 tareas de mantenimiento

- ______________________________
- ______________________________
- ______________________________

Otras tareas o notas

- ______________________________
- ______________________________
- ______________________________
- ______________________________
- ______________________________
- ______________________________
- ______________________________
- ______________________________

DOMINGO ___ /___

¿QUÉ? ¿Qué está pasando en mi vida?

¿Y ENTONCES? ¿Por qué todo eso importa?

¿Alguna vez has visto que mientras más te quejas, más lees y escuchas a otras personas quejándose, es más fácil encontrar de qué quejarse? Por otro lado, ¿has visto que mientras más agradecido eres, más tienes por qué ser agradecido?

—*Sin esfuerzo*, pp. 67-68

¿AHORA QUÉ? ¿Qué es importante en este momento?

1 proyecto esencial

- ____________________

2 tareas urgentes y esenciales

- ____________________
- ____________________

3 tareas de mantenimiento

- ____________________
- ____________________
- ____________________

Otras tareas o notas

- ____________________
- ____________________
- ____________________
- ____________________
- ____________________
- ____________________
- ____________________
- ____________________

REFLEXIÓN
semanal

PASO 1.

PRACTICA LA GRATITUD RADICAL

Revisa la última semana y escribe cinco cosas por las que estés agradecido (incluidas las cosas difíciles).

- ______
- ______
- ______
- ______
- ______

PASO 2.

PREVISUALIZA LA SEMANA

Revisa tu calendario y anota los eventos o actividades principales que ya están agendados para la siguiente semana.

- ______
- ______
- ______
- ______
- ______

PASO 3.

INVIERTE CON INTENCIÓN Y DESINVIERTE DE MANERA DELIBERADA

Escribe dos a tres cosas esenciales en las que no estás invirtiendo lo que deberías en la actualidad.

- ____________________
- ____________________
- ____________________

Escribe dos a tres cosas no esenciales en las que estás invirtiendo de más en la actualidad.

- ____________________
- ____________________
- ____________________

PASO 4.

AHORA ELIGE LOS OBJETIVOS DE ESTA SEMANA

Escribe las tres cosas esenciales que quieres cumplir durante la siguiente semana.

- ____________________
- ____________________
- ____________________

LUNES ___ /___

¿QUÉ? ¿Qué está pasando en mi vida?

____

____

____

____

____

____

____

¿Y ENTONCES? ¿Por qué todo eso importa?

____

____

____

____

> **La prioridad: proteger nuestra capacidad de priorizar.**
>
> —*Esencialismo,* p. 113

¿AHORA QUÉ? ¿Qué es importante en este momento?

1 proyecto esencial

- ______________________________

2 tareas urgentes y esenciales

- ______________________________
- ______________________________

3 tareas de mantenimiento

- ______________________________
- ______________________________
- ______________________________

Otras tareas o notas

- ______________________________
- ______________________________
- ______________________________
- ______________________________
- ______________________________
- ______________________________
- ______________________________
- ______________________________

MARTES ___ /___

¿QUÉ? ¿Qué está pasando en mi vida?

____

____

____

____

____

____

____

¿Y ENTONCES? ¿Por qué todo eso importa?

____

____

____

____

RETO DE HOY:

La rutina es una de las herramientas más poderosas que existen para eliminar obstáculos. Sin rutina, el conjunto de distracciones no esenciales nos agobiará. Pero, si creamos una rutina que englobe lo esencial, empezaremos a ejecutarlo en piloto automático... ¿Cómo podemos desechar las rutinas que nos mantienen atrapados en hábitos no esenciales y reemplazarlas con rutinas que permitan ejecutar las cosas esenciales casi sin esfuerzo?

—*Esencialismo,* pp. 222, 225

¿AHORA QUÉ? ¿Qué es importante en este momento?

1 proyecto esencial

- ______________________________

2 tareas urgentes y esenciales

- ______________________________
- ______________________________

3 tareas de mantenimiento

- ______________________________
- ______________________________
- ______________________________

Otras tareas o notas

- ______________________________
- ______________________________
- ______________________________
- ______________________________
- ______________________________
- ______________________________
- ______________________________
- ______________________________

MIÉRCOLES ___ /___

¿QUÉ? ¿Qué está pasando en mi vida?

¿Y ENTONCES? ¿Por qué todo eso importa?

> **Pasado cierto punto, más esfuerzo no produce mejor desempeño. Lo sabotea. Los economistas llaman a este fenómeno la *ley de los rendimientos decrecientes*.**
>
> —*Sin esfuerzo,* p. 112

¿AHORA QUÉ? ¿Qué es importante en este momento?

1 proyecto esencial

- ______________________________

2 tareas urgentes y esenciales

- ______________________________
- ______________________________

3 tareas de mantenimiento

- ______________________________
- ______________________________
- ______________________________

Otras tareas o notas

- ______________________________
- ______________________________
- ______________________________
- ______________________________
- ______________________________
- ______________________________
- ______________________________
- ______________________________

JUEVES ___ /___

¿QUÉ? ¿Qué está pasando en mi vida?

¿Y ENTONCES? ¿Por qué todo eso importa?

RETO DE HOY:

La clave de nuestro éxito radica en aprender del pasado. Para ayudarte a recordar y reflexionar sobre tu experiencia, escribe un diario. (Puedes usar el espacio en blanco de estas páginas). Pero en lugar de enfocarte en cada detalle del día, concéntrate en dos o tres cosas importantes, como:

- ¿Qué te pasó que quisieras recordar?
- ¿Qué aprendiste?
- ¿Por qué estuviste agradecido?

—1-Minute Wednesday Newsletter

¿AHORA QUÉ? ¿Qué es importante en este momento?

1 proyecto esencial

- ____________________

2 tareas urgentes y esenciales

- ____________________
- ____________________

3 tareas de mantenimiento

- ____________________
- ____________________
- ____________________

Otras tareas o notas

- ____________________
- ____________________
- ____________________
- ____________________
- ____________________
- ____________________
- ____________________
- ____________________

VIERNES ___ /___

¿QUÉ? ¿Qué está pasando en mi vida?

____

____

____

____

____

____

____

¿Y ENTONCES? ¿Por qué todo eso importa?

____

____

____

____

> **Evadir preguntas difíciles puede resultarnos tentador a todos. A menudo es más fácil dar una respuesta vaga y encubierta que reunir todos los hechos y la información necesarios para dar una respuesta razonada y bien informada. No obstante, la evasión solo nos envía a una espiral no esencial de más vaguedad y desinformación. Aclarar la cuestión es una forma de salir de ese círculo.**
>
> —*Esencialismo,* p. 91

¿AHORA QUÉ? ¿Qué es importante en este momento?

1 proyecto esencial

- ______________________________

2 tareas urgentes y esenciales

- ______________________________
- ______________________________

3 tareas de mantenimiento

- ______________________________
- ______________________________
- ______________________________

Otras tareas o notas

- ______________________________
- ______________________________
- ______________________________
- ______________________________
- ______________________________
- ______________________________
- ______________________________
- ______________________________

SÁBADO ___ /___

¿QUÉ? ¿Qué está pasando en mi vida?

____

____

____

____

____

____

____

¿Y ENTONCES? ¿Por qué todo eso importa?

____

____

____

RETO DE HOY:

Es frecuente que la falta de puntos de referencia consistentes y reconocibles obstruya tu capacidad para hacer un progreso significativo en la vida. Debes hacer todo lo posible para eliminar las cosas triviales que bloquean tu visión de las esenciales. Para asegurar que continúas progresando, intenta lo siguiente:

1. Identifica un "punto de referencia" y contesta las siguientes preguntas:
   - ¿Qué necesito hacer hoy para dirigirme hacia este objetivo? ¿Esta semana? ¿Este mes? ¿Este trimestre?
   - ¿Qué cosas triviales están obstruyendo mi visión?
2. Un día de cada trimestre tómate un tiempo para evaluar tu progreso y, por supuesto, corrige si es necesario.

—1-Minute Wednesday Newsletter

¿AHORA QUÉ? ¿Qué es importante en este momento?

1 proyecto esencial

- ______________________________

2 tareas urgentes y esenciales

- ______________________________
- ______________________________

3 tareas de mantenimiento

- ______________________________
- ______________________________
- ______________________________

Otras tareas o notas

- ______________________________
- ______________________________
- ______________________________
- ______________________________
- ______________________________
- ______________________________
- ______________________________
- ______________________________

DOMINGO ___ /___

¿QUÉ? ¿Qué está pasando en mi vida?

¿Y ENTONCES? ¿Por qué todo eso importa?

Si pudieras ser realmente excelente en algo, ¿en qué sería?

—*Esencialismo,* p. 140

¿AHORA QUÉ? ¿Qué es importante en este momento?

1 proyecto esencial

- ____________________

2 tareas urgentes y esenciales

- ____________________
- ____________________

3 tareas de mantenimiento

- ____________________
- ____________________
- ____________________

Otras tareas o notas

- ____________________
- ____________________
- ____________________
- ____________________
- ____________________
- ____________________
- ____________________
- ____________________

REFLEXIÓN
semanal

PASO 1.
PRACTICA LA GRATITUD RADICAL

Revisa la última semana y escribe cinco cosas por las que estés agradecido (incluidas las cosas difíciles).

- __________
- __________
- __________
- __________
- __________

PASO 2.
PREVISUALIZA LA SEMANA

Revisa tu calendario y anota los eventos o actividades principales que ya están agendados para la siguiente semana.

- __________
- __________
- __________
- __________
- __________

PASO 3.

INVIERTE CON INTENCIÓN Y DESINVIERTE DE MANERA DELIBERADA

Escribe dos a tres cosas esenciales en las que no estás invirtiendo lo que deberías en la actualidad.

- ____________________
- ____________________
- ____________________

Escribe dos a tres cosas no esenciales en las que estás invirtiendo de más en la actualidad.

- ____________________
- ____________________
- ____________________

PASO 4.

AHORA ELIGE LOS OBJETIVOS DE ESTA SEMANA

Escribe las tres cosas esenciales que quieres cumplir durante la siguiente semana.

- ____________________
- ____________________
- ____________________

LUNES ___ /___

¿QUÉ? ¿Qué está pasando en mi vida?

¿Y ENTONCES? ¿Por qué todo eso importa?

> **De manera extraña, algunos respondemos al sentirnos agotados y abrumados prometiendo trabajar aún más duro y por más tiempo. No ayuda que nuestra cultura glorifique el agotamiento como una medida de éxito y valor personal... El agotamiento no es una medalla de honor.**
>
> —*Sin esfuerzo*, p. 17

¿AHORA QUÉ? ¿Qué es importante en este momento?

1 proyecto esencial

- ____

2 tareas urgentes y esenciales

- ____
- ____

3 tareas de mantenimiento

- ____
- ____
- ____

Otras tareas o notas

- ____
- ____
- ____
- ____
- ____
- ____
- ____
- ____

MARTES ___ /___

¿QUÉ? ¿Qué está pasando en mi vida?

¿Y ENTONCES? ¿Por qué todo eso importa?

RETO DE HOY:

La aversión al fracaso es la idea en la que percibimos el dolor de perder como algo más significativo que la alegría de ganar algo más. Para ayudarte a anular el compromiso, utiliza esta estrategia sugerida por Tom Stafford de la BBC:

- Piensa en algo (un objeto o una responsabilidad) que temes perder.
- Pretende que no es de tu propiedad y pregúntate: "¿Cuánto pagaría por tener esto?".
- Cuando se trata de cosas no materiales, pregúntate: "¿Qué tanto trabajaría para involucrarme en eso?".

—*1-Minute Wednesday Newsletter*

¿AHORA QUÉ? ¿Qué es importante en este momento?

1 proyecto esencial

- ______________________________

2 tareas urgentes y esenciales

- ______________________________
- ______________________________

3 tareas de mantenimiento

- ______________________________
- ______________________________
- ______________________________

Otras tareas o notas

- ______________________________
- ______________________________
- ______________________________
- ______________________________
- ______________________________
- ______________________________
- ______________________________
- ______________________________

MIÉRCOLES ___ /___

¿QUÉ? ¿Qué está pasando en mi vida?

____

____

____

____

____

____

____

¿Y ENTONCES? ¿Por qué todo eso importa?

____

____

____

> **Todos tenemos algunas personas en nuestras vidas que tienden a requerir mucha más atención de nuestra parte que otras. Estas son las personas que hacen de sus problemas nuestros problemas. Nos distraen de nuestro objetivo... Sin embargo, cuando las personas hacen que sus problemas sean nuestros problemas, no las estamos ayudando, las estamos autorizando. Una vez que les quitamos su problema, lo único que estamos haciendo es quitarles su habilidad para resolverlo.**
>
> —*Esencialismo,* pp. 181-182

¿AHORA QUÉ? ¿Qué es importante en este momento?

1 proyecto esencial

- ____

2 tareas urgentes y esenciales

- ____
- ____

3 tareas de mantenimiento

- ____
- ____
- ____

Otras tareas o notas

- ____
- ____
- ____
- ____
- ____
- ____
- ____
- ____

JUEVES ___ /___

¿QUÉ? ¿Qué está pasando en mi vida?

___

___

___

___

___

___

___

¿Y ENTONCES? ¿Por qué todo eso importa?

___

___

___

___

RETO DE HOY:

Los equipos con desempeño más elevado tienen una cosa en común: seguridad psicológica. Esta semana usa el siguiente proceso de tres pasos para introducir una mayor seguridad psicológica en conversaciones difíciles:

1. Declara cuál no es tu intención.
2. Declara cuál sí es tu intención.
3. Haz la pregunta mágica: "¿Estamos dispuestos a platicar hasta que, juntos, encontremos una solución que sea mejor que cuando cualquiera de las partes lo estaba sugiriendo o haciendo antes?".

—*El pódcast de Greg McKeown*, episodio 140, "Una frase para conseguir seguridad psicológica"

¿AHORA QUÉ? ¿Qué es importante en este momento?

1 proyecto esencial

- ____________________

2 tareas urgentes y esenciales

- ____________________
- ____________________

3 tareas de mantenimiento

- ____________________
- ____________________
- ____________________

Otras tareas o notas

- ____________________
- ____________________
- ____________________
- ____________________
- ____________________
- ____________________
- ____________________
- ____________________

VIERNES ___ /___

¿QUÉ? ¿Qué está pasando en mi vida?

____

____

____

____

____

____

____

¿Y ENTONCES? ¿Por qué todo eso importa?

____

____

____

____

> **Hay dos maneras de pensar el esencialismo. La primera es pensarlo como algo que *haces* ocasionalmente. La segunda es pensarlo como algo que *eres*. En la primera, el esencialismo es una cosa más que añadir a tu vida, ya de por sí sobresaturada. En la segunda, se trata de un modo diferente —un modo más simple— de hacerlo todo.**
>
> —*Esencialismo*, p. 243

¿AHORA QUÉ? ¿Qué es importante en este momento?

1 proyecto esencial

- ______________________________

2 tareas urgentes y esenciales

- ______________________________
- ______________________________

3 tareas de mantenimiento

- ______________________________
- ______________________________
- ______________________________

Otras tareas o notas

- ______________________________
- ______________________________
- ______________________________
- ______________________________
- ______________________________
- ______________________________
- ______________________________
- ______________________________

SÁBADO ___ /___

¿QUÉ? ¿Qué está pasando en mi vida?

____

____

____

____

____

____

____

¿Y ENTONCES? ¿Por qué todo eso importa?

____

____

____

____

RETO DE HOY:

El arrepentimiento puede desempeñar un rol importante para ayudarnos a hacer mejores elecciones en el futuro. Sigue este proceso para dejar que el arrepentimiento sea una energía positiva en tu vida:

- Nombra algo de lo que estés arrepentido.
- Observa la diferencia entre lo que deseas que hubiera sido y lo que en verdad es.
- Visualiza lo que será el futuro si no realizas un cambio.
- Usa el espacio que tienes para hacer algo diferente.

—*El pódcast de Greg McKeown,* episodio 160, "No es demasiado tarde"

¿AHORA QUÉ? ¿Qué es importante en este momento?

1 proyecto esencial

- ________________________________

2 tareas urgentes y esenciales

- ________________________________
- ________________________________

3 tareas de mantenimiento

- ________________________________
- ________________________________
- ________________________________

Otras tareas o notas

- ________________________________
- ________________________________
- ________________________________
- ________________________________
- ________________________________
- ________________________________
- ________________________________
- ________________________________

DOMINGO ___ /___

¿QUÉ? ¿Qué está pasando en mi vida?

¿Y ENTONCES? ¿Por qué todo eso importa?

> **El camino del esencialista no se trata solo del éxito, se trata de vivir una vida con significado y propósito. Si miráramos en retrospectiva nuestras carreras profesionales y nuestras vidas, ¿preferiríamos ver una larga lista de "logros" que en realidad no importan o solo unos cuantos logros importantes que tengan verdadero significado e importancia?**
>
> —*Esencialismo,* p. 246

¿AHORA QUÉ? ¿Qué es importante en este momento?

1 proyecto esencial

- ____

2 tareas urgentes y esenciales

- ____
- ____

3 tareas de mantenimiento

- ____
- ____
- ____

Otras tareas o notas

- ____
- ____
- ____
- ____
- ____
- ____
- ____
- ____

REFLEXIÓN
semanal

PASO 1.
PRACTICA LA GRATITUD RADICAL

Revisa la última semana y escribe cinco cosas por las que estés agradecido (incluidas las cosas difíciles).

- ____________________
- ____________________
- ____________________
- ____________________
- ____________________

PASO 2.
PREVISUALIZA LA SEMANA

Revisa tu calendario y anota los eventos o actividades principales que ya están agendados para la siguiente semana.

- ____________________
- ____________________
- ____________________
- ____________________
- ____________________

PASO 3.

INVIERTE CON INTENCIÓN Y DESINVIERTE DE MANERA DELIBERADA

Escribe dos a tres cosas esenciales en las que no estás invirtiendo lo que deberías en la actualidad.

- ______________________
- ______________________
- ______________________

Escribe dos a tres cosas no esenciales en las que estás invirtiendo de más en la actualidad.

- ______________________
- ______________________
- ______________________

PASO 4.

AHORA ELIGE LOS OBJETIVOS DE ESTA SEMANA

Escribe las tres cosas esenciales que quieres cumplir durante la siguiente semana.

- ______________________
- ______________________
- ______________________

LUNES ___ /___

¿QUÉ? ¿Qué está pasando en mi vida?

¿Y ENTONCES? ¿Por qué todo eso importa?

> **Al lograr concentrarte en lo que es verdaderamente importante *justo ahora*, vas a ser capaz de vivir la vida de forma más plena, en el momento.**
>
> —*Esencialismo,* p. 252

¿AHORA QUÉ? ¿Qué es importante en este momento?

1 proyecto esencial

- ______________________________

2 tareas urgentes y esenciales

- ______________________________
- ______________________________

3 tareas de mantenimiento

- ______________________________
- ______________________________
- ______________________________

Otras tareas o notas

- ______________________________
- ______________________________
- ______________________________
- ______________________________
- ______________________________
- ______________________________
- ______________________________
- ______________________________

MARTES ___ /___

¿QUÉ? ¿Qué está pasando en mi vida?

¿Y ENTONCES? ¿Por qué todo eso importa?

RETO DE HOY:

En un mundo en el que nada es predecible, debemos esperar lo inesperado como nuestro invitado seguro. Podemos prepararnos para lo inesperado considerando un margen para nuestras tareas y proyectos esenciales. Esta semana, dedica un 50% de tiempo a las tareas más importantes. Considera un margen de entre 100 a 200% para transiciones importantes en la vida.

—*El pódcast de Greg McKeown,* episodio 211, "Esencialismo y transiciones"

¿AHORA QUÉ? ¿Qué es importante en este momento?

1 proyecto esencial

- ______________________________

2 tareas urgentes y esenciales

- ______________________________
- ______________________________

3 tareas de mantenimiento

- ______________________________
- ______________________________
- ______________________________

Otras tareas o notas

- ______________________________
- ______________________________
- ______________________________
- ______________________________
- ______________________________
- ______________________________
- ______________________________
- ______________________________

MIÉRCOLES ___ /___

¿QUÉ? ¿Qué está pasando en mi vida?

____

____

____

____

____

____

____

¿Y ENTONCES? ¿Por qué todo eso importa?

____

____

____

____

> **Los esencialistas son excelentes para observar y escuchar. Sabiendo que la realidad de las concesiones significa que no es posible que presten atención a todo, escuchan deliberadamente lo que no se está diciendo de manera explícita. Leen entre líneas...**
> **Los no esencialistas también escuchan. Pero escuchan mientras se preparan para decir algo. Se distraen con el ruido... En sus ansias por reaccionar, pierden de vista el punto.**
>
> —*Esencialismo,* p. 87

¿AHORA QUÉ? ¿Qué es importante en este momento?

1 proyecto esencial

- ____________________

2 tareas urgentes y esenciales

- ____________________
- ____________________

3 tareas de mantenimiento

- ____________________
- ____________________
- ____________________

Otras tareas o notas

- ____________________
- ____________________
- ____________________
- ____________________
- ____________________
- ____________________
- ____________________
- ____________________

JUEVES ___ /___

¿QUÉ? ¿Qué está pasando en mi vida?

____

____

____

____

____

____

____

¿Y ENTONCES? ¿Por qué todo eso importa?

____

____

____

____

RETO DE HOY:

Tienes que elegir si el FOMO (el miedo a perderte de algo, por sus siglas en inglés) te lastima o te sirve siguiendo los siguientes pasos:

1. Observa la próxima vez que sientas FOMO.
2. Pregúntate: "¿Son solo celos o se está revelando algo a lo que debería hacer caso y realizarlo?".
3. Toma un minuto para agendar un espacio en blanco en tu calendario en esta semana para explorar con mayor profundidad.

—*1-Minute Wednesday Newsletter*

¿AHORA QUÉ? ¿Qué es importante en este momento?

1 proyecto esencial

- ____________________

2 tareas urgentes y esenciales

- ____________________
- ____________________

3 tareas de mantenimiento

- ____________________
- ____________________
- ____________________

Otras tareas o notas

- ____________________
- ____________________
- ____________________
- ____________________
- ____________________
- ____________________
- ____________________
- ____________________

VIERNES ___ /___

¿QUÉ? ¿Qué está pasando en mi vida?

¿Y ENTONCES? ¿Por qué todo eso importa?

> **Cuando te enfrentes a tantas tareas y obligaciones que no eres capaz de descifrar cuál hacer primero, detente. Respira profundo. Pon el presente en el momento y pregúntate qué es lo más importante en ese preciso instante, no qué es lo más importante mañana o incluso dentro de media hora. Si no estás seguro, haz una lista de todo lo que compite por tu atención y tacha todo lo que no sea importante *justo en ese momento*.**
>
> —*Esencialismo,* p. 238

¿AHORA QUÉ? ¿Qué es importante en este momento?

1 proyecto esencial

- ____________________

2 tareas urgentes y esenciales

- ____________________
- ____________________

3 tareas de mantenimiento

- ____________________
- ____________________
- ____________________

Otras tareas o notas

- ____________________
- ____________________
- ____________________
- ____________________
- ____________________
- ____________________
- ____________________
- ____________________

SÁBADO ___ /___

¿QUÉ? ¿Qué está pasando en mi vida?

¿Y ENTONCES? ¿Por qué todo eso importa?

RETO DE HOY:

¿Alguna vez has tenido un día en el que estabas concentrado, pero recibiste un mal correo electrónico que hizo estallar tu burbuja de productividad? El Reinicio de 1 minuto ***(1-Minute Reset)*** puede regresarte al camino. Aquí lo describo:

1. Elabora una página llena de verdades positivas sobre tu vida (es decir, logros clave en tu vida, evidencia de crecimiento o recuerdos favoritos).
2. Cuando te empieces a sentir desbordado desde el punto de vista emocional, saca tu hoja y léela durante un minuto.

—1-Minute Wednesday Newsletter

¿AHORA QUÉ? ¿Qué es importante en este momento?

1 proyecto esencial

- ▪ ______________________________

2 tareas urgentes y esenciales

- ▪ ______________________________
- ▪ ______________________________

3 tareas de mantenimiento

- ▪ ______________________________
- ▪ ______________________________
- ▪ ______________________________

Otras tareas o notas

- ▪ ______________________________
- ▪ ______________________________
- ▪ ______________________________
- ▪ ______________________________
- ▪ ______________________________
- ▪ ______________________________
- ▪ ______________________________
- ▪ ______________________________

DOMINGO ___ /___

¿QUÉ? ¿Qué está pasando en mi vida?

___

___

___

___

___

___

___

¿Y ENTONCES? ¿Por qué todo eso importa?

___

___

___

___

> **El juego expande nuestra mente en formas que nos permiten explorar: hacer que germinen nuevas ideas o ver viejas ideas con una nueva luz. Nos hace ser más inquisitivos, más sintonizados con lo nuevo, más comprometidos.**
>
> —*Esencialismo,* pp. 96-97

¿AHORA QUÉ? ¿Qué es importante en este momento?

1 proyecto esencial

- ____________________

2 tareas urgentes y esenciales

- ____________________
- ____________________

3 tareas de mantenimiento

- ____________________
- ____________________
- ____________________

Otras tareas o notas

- ____________________
- ____________________
- ____________________
- ____________________
- ____________________
- ____________________
- ____________________
- ____________________

REFLEXIÓN
semanal

PASO 1.
PRACTICA LA GRATITUD RADICAL

Revisa la última semana y escribe cinco cosas por las que estés agradecido (incluidas las cosas difíciles).

- ____________________
- ____________________
- ____________________
- ____________________
- ____________________

PASO 2.
PREVISUALIZA LA SEMANA

Revisa tu calendario y anota los eventos o actividades principales que ya están agendados para la siguiente semana.

- ____________________
- ____________________
- ____________________
- ____________________
- ____________________

PASO 3.

INVIERTE CON INTENCIÓN Y DESINVIERTE DE MANERA DELIBERADA

Escribe dos a tres cosas esenciales en las que no estás invirtiendo lo que deberías en la actualidad.

- ______________________________
- ______________________________
- ______________________________

Escribe dos a tres cosas no esenciales en las que estás invirtiendo de más en la actualidad.

- ______________________________
- ______________________________
- ______________________________

PASO 4.

AHORA ELIGE LOS OBJETIVOS DE ESTA SEMANA

Escribe las tres cosas esenciales que quieres cumplir durante la siguiente semana.

- ______________________________
- ______________________________
- ______________________________

LUNES ___ /___

¿QUÉ? ¿Qué está pasando en mi vida?

¿Y ENTONCES? ¿Por qué todo eso importa?

> **Cualquier cosa que haya pasado en tu vida, cualquier dificultad, cualquier dolor… palidece en comparación con el poder que tienes para escoger qué hacer ahora.**
>
> —*Sin esfuerzo*

¿AHORA QUÉ? ¿Qué es importante en este momento?

1 proyecto esencial

- ______________________________

2 tareas urgentes y esenciales

- ______________________________
- ______________________________

3 tareas de mantenimiento

- ______________________________
- ______________________________
- ______________________________

Otras tareas o notas

- ______________________________
- ______________________________
- ______________________________
- ______________________________
- ______________________________
- ______________________________
- ______________________________
- ______________________________

MARTES ___ /___

¿QUÉ? ¿Qué está pasando en mi vida?

¿Y ENTONCES? ¿Por qué todo eso importa?

RETO DE HOY:

Un sí claro impulsa el progreso. Un no claro te libera para concentrarte en lo más importante.

1. Recuerda una decisión en la que hayas estado pensando demasiado.
2. Tranquiliza tu mente y pregúntate: ¿Qué sé ahora que es verdad?
3. Actúa hoy sobre esa respuesta y confía en la claridad que aporta.

—*1-Minute Wednesday Newsletter*

¿AHORA QUÉ? ¿Qué es importante en este momento?

1 proyecto esencial

- ____________________

2 tareas urgentes y esenciales

- ____________________
- ____________________

3 tareas de mantenimiento

- ____________________
- ____________________
- ____________________

Otras tareas o notas

- ____________________
- ____________________
- ____________________
- ____________________
- ____________________
- ____________________
- ____________________
- ____________________

MIÉRCOLES ___ / ___

¿QUÉ? ¿Qué está pasando en mi vida?

¿Y ENTONCES? ¿Por qué todo eso importa?

> **A medida que continúes limpiando el armario de tu vida, experimentarás un reordenamiento de lo que realmente importa. La vida se centrará menos en tachar eficientemente lo que estaba en tu lista de tareas pendientes o en apresurar todo lo que tienes en tu agenda y más en cambiar lo que pusiste allí en primer lugar.**
>
> —*Esencialismo*

¿AHORA QUÉ? ¿Qué es importante en este momento?

1 proyecto esencial

- ______________________________

2 tareas urgentes y esenciales

- ______________________________
- ______________________________

3 tareas de mantenimiento

- ______________________________
- ______________________________
- ______________________________

Otras tareas o notas

- ______________________________
- ______________________________
- ______________________________
- ______________________________
- ______________________________
- ______________________________
- ______________________________
- ______________________________

JUEVES ___ /___

¿QUÉ? ¿Qué está pasando en mi vida?

____

____

____

____

____

____

____

¿Y ENTONCES? ¿Por qué todo eso importa?

____

____

____

____

RETO DE HOY:

En un mundo de división y discordia, es tentador rodearnos de quienes piensan igual que nosotros. Pero censurar la disidencia genera puntos ciegos. Hoy, sé lo suficientemente valiente como para entrar en los espacios donde se encuentran las ideas, porque ahí es donde comienzan la claridad y el crecimiento.

—*1-Minute Wednesday Newsletter*

¿AHORA QUÉ? ¿Qué es importante en este momento?

1 proyecto esencial

- ______________________________

2 tareas urgentes y esenciales

- ______________________________
- ______________________________

3 tareas de mantenimiento

- ______________________________
- ______________________________
- ______________________________

Otras tareas o notas

- ______________________________
- ______________________________
- ______________________________
- ______________________________
- ______________________________
- ______________________________
- ______________________________
- ______________________________

VIERNES ___ /___

¿QUÉ? ¿Qué está pasando en mi vida?

____

____

____

____

____

____

____

¿Y ENTONCES? ¿Por qué todo eso importa?

____

____

____

____

> **Reservar tiempo para las cosas que importan puede parecer sencillo en teoría. Pero en la práctica puede resultar difícil hacerlo de forma consistente, porque la realidad se interpone en el camino. Sin embargo, el esfuerzo que invertimos en automatizar nuestras tareas más mundanas pero esenciales produce beneficios significativos y repetidos más adelante.**
>
> —*Sin esfuerzo*

¿AHORA QUÉ? ¿Qué es importante en este momento?

1 proyecto esencial

- ______________________________

2 tareas urgentes y esenciales

- ______________________________
- ______________________________

3 tareas de mantenimiento

- ______________________________
- ______________________________
- ______________________________

Otras tareas o notas

- ______________________________
- ______________________________
- ______________________________
- ______________________________
- ______________________________
- ______________________________
- ______________________________
- ______________________________

SÁBADO ___ /___

¿QUÉ? ¿Qué está pasando en mi vida?

¿Y ENTONCES? ¿Por qué todo eso importa?

RETO DE HOY:

El liderazgo no está reservado para quienes desempeñan roles formales; se trata de tomar decisiones deliberadas que eleven e inspiren a otros, comenzando por nosotros mismos. Identifica un área en la que actualmente tengas influencia (ya sea en el trabajo, en casa o dentro de tu comunidad) y elige conscientemente liderar empoderando a otros. Concéntrate en escuchar profundamente, ofrecer apoyo y alentar a otros a tomar decisiones.

—*El pódcast de Greg McKeown,* episodio 335, "Leading Through"

¡AHORA QUÉ? ¿Qué es importante en este momento?

1 proyecto esencial

- ____________________

2 tareas urgentes y esenciales

- ____________________
- ____________________

3 tareas de mantenimiento

- ____________________
- ____________________
- ____________________

Otras tareas o notas

- ____________________
- ____________________
- ____________________
- ____________________
- ____________________
- ____________________
- ____________________
- ____________________

DOMINGO ___ /___

¿QUÉ? ¿Qué está pasando en mi vida?

¿Y ENTONCES? ¿Por qué todo eso importa?

> **La vida de un esencialista es una sin arrepentimientos. Si has identificado correctamente lo que en realidad importa, si inviertes tu tiempo y energía en ello, entonces será difícil arrepentirte de las decisiones que tomas. Te vuelves orgulloso de la vida que has elegido vivir.**
>
> —*Esencialismo*

¿AHORA QUÉ? ¿Qué es importante en este momento?

1 proyecto esencial

- ______________________________

2 tareas urgentes y esenciales

- ______________________________
- ______________________________

3 tareas de mantenimiento

- ______________________________
- ______________________________
- ______________________________

Otras tareas o notas

- ______________________________
- ______________________________
- ______________________________
- ______________________________
- ______________________________
- ______________________________
- ______________________________
- ______________________________

REFLEXIÓN
semanal

PASO 1.
PRACTICA LA GRATITUD RADICAL

Revisa la última semana y escribe cinco cosas por las que estés agradecido (incluidas las cosas difíciles).

- ______
- ______
- ______
- ______
- ______

PASO 2.
PREVISUALIZA LA SEMANA

Revisa tu calendario y anota los eventos o actividades principales que ya están agendados para la siguiente semana.

- ______
- ______
- ______
- ______
- ______

PASO 3.

INVIERTE CON INTENCIÓN Y DESINVIERTE DE MANERA DELIBERADA

Escribe dos a tres cosas esenciales en las que no estás invirtiendo lo que deberías en la actualidad.

- ____________________
- ____________________
- ____________________

Escribe dos a tres cosas no esenciales en las que estás invirtiendo de más en la actualidad.

- ____________________
- ____________________
- ____________________

PASO 4.

AHORA ELIGE LOS OBJETIVOS DE ESTA SEMANA

Escribe las tres cosas esenciales que quieres cumplir durante la siguiente semana.

- ____________________
- ____________________
- ____________________

RECURSOS

En caso de que busques más inspiración e información sobre el esencialismo y lecturas adicionales, consulta las siguientes fuentes:

Esencialismo y Sin esfuerzo

Lee mis dos libros bestsellers del *New York Times*, que juntos vendieron dos millones de copias y han sido traducidos a 37 idiomas. Visita mi sitio web para registrarte y recibir un capítulo gratis de cada libro.

gregmckeown.com

1-Minute Wednesday Newsletter

Regístrate para obtener mi boletín semanal y lee los números anteriores en:

gregmckeown.com/1mw

El pódcast de Greg McKeown

Escucha en mi pódcast semanal conversaciones enfocadas en aprender cómo poner primero lo que importa y cómo hacer menos, pero mejor.

gregmckeown.com/podcast

La Academia del Esencialismo

Esta serie de cursos y poderosas herramientas está diseñada para ayudarte a ir más profundo dentro de mi filosofía con instrucciones en video, pasos diarios claros y recursos imprimibles. Regístrate en:

Essentialism.com

Otros títulos disponibles del autor bestseller del *New York Times*,

Greg McKeown

"En un mundo asediado por el agotamiento,

el trabajo de Greg McKeown es esencial."

—DANIEL H. PINK, autor de *Drive*.

NOTAS

El papel utilizado para la impresión de este libro ha sido fabricado a partir de madera procedente de bosques y plantaciones gestionadas con los más altos estándares ambientales, garantizando una explotación de los recursos sostenible con el medio ambiente y beneficiosa para las personas.

Penguin Random House Grupo Editorial

Esencialismo, el planner

Título original: *The essentialism planner*

Primera edición: junio, 2025

ISBN: 978-607-385-891-5

Impreso en México – *Printed in Mexico*

Impreso en los talleres de Diversidad Gráfica S.A. de C.V.
Ciudad de México